임성근의
한끗 쉬운
김치
장아찌

김장은 어렵지만 김치는 쉬워요

임성근의 한끗 쉬운 김치 장아찌

임성근 지음

pan'n'pen

김치와 장아찌 책을 정리하며

누구라도 어디에서든, 쉽게, 적은 양의 김치를
만들어 먹을 수 있다면 좋겠다고 생각했습니다.

한국의 김치는 2001년 국제식품규격위원회(CODEX)로부터 국제식품표준으로 인정받았습니다. 2013년 유네스코는 한국의 '김장문화'를 세계 인류무형문화유산으로 등재하였죠. 이렇듯 한국의 전통 발효식품인 김치와 김장은 국제적으로 인정을 받고 있는 우리의 음식이자 문화입니다. 뿐만 아니라 2년 전 발생한 코로나19와 사스, 메르스 같은 감염질병이 유행할 때마다 건강 식품으로 세계의 주목을 받는 것이 바로 한국의 발효 음식, 그 중에도 김치입니다. 이러한 문화적, 영양학적 가치도 중요하지만 실은 우리 밥상에 하루도 빠질 수 없는 것이 바로 김치라는 게 독자 여러분과 저에게는 더 중요한 사실 아닐까요.

제철에 나는 식재료를 오래 보관해두고 먹기 위해 소금에 절여 장아찌로 만들기 시작한 건 삼국시대부터입니다. 이후 16세기에 고추가 우리나라에 들어오면서 고추와 양념을 섞어 김치로 발전하게 되었다고 보편적으로 알려져 있습니다.

김치는 계절을 이겨내는 우리 선조들의 슬기로움이 담겨 있는 음식입니다. 게다가 우리가 오랜 세월 동안 무수히 만들어 먹은 만큼 지역과 계절, 만드는 사람에 따라 수만 가지 김치 담그는 방법과 저장법, 그에 얽힌 저마다의 이야기를 가지고 있기도 합니다. 누군가 한국의 김치 제조법이 몇 가지나 되냐고 제게 묻는다면 대한민국에 있는 어머니의 수만큼 많다고 대답할 것 같습니다. 김치는 담는 사람의 손맛에 따라 달라지기 때문입니다.

김치의 맛에 옳고, 그름 즉, 정답은 없습니다. 제가 생각하기에 한반도에서 나오는 식재료가 모두 다르고 김치의 필수 재료인 젓갈을 사용하는 방법 또한 제각각 다릅니다. 진젓과 액젓뿐 아니라 생새우, 생굴, 생선, 해초 등을 김치에 넣는 방법에도 여러 가지가 있습니다.

예를 들어, 전라도 지역에서는 진젓을 많이 사용하지만 경상도에서는 진젓을 사용하는 경우가 비교적 적습니다. 서울식 김치에는 양념을 많이 넣지 않습니다. 경상도 지역에서는 향신채를 많이 사용하는데 마늘, 생강, 대파와 더불어 방부 역할을 하는 산초 가루를 김치에 넣기도 합니다. 강원도 산간 지역에서는 김장을 할 때 돼지고기를 숭덩숭덩 썰어서 소금에 짭짤하게 절였다가 김치 양념을 살짝 무쳐 김치 사이사이 넣기도 하고요. 강원도 해안 지역에서는 꾸덕하게 말린 명태를 김치 양념에 가볍게 버무려 김치 사이에 넣고 김치와 함께 푹 익혀서 쪽쪽 찢어 먹기도 합니다. 돼지고기와 명태는 김치에 부족한 단백질을 채워주는 역할을 하죠.

김치는 우리 민족과 함께한 역사만큼 전통적인 제조법을 이어가고 있는 음식이며 현재의 밥상과 여러 요리에도 빠짐없이 사용하고 있는 재료이기도 합니다. 더불어 건강한 효능까지 세계적으로 알려져 있지만 안타깝게도 김치를 손수 담가 먹는 사람은 점점 줄어들고 있습니다. 김치찌개는 맛있게 끓일 자신이 있지만 김치를 직접 담그는 일은 어려움을 느낍니다. 한 번 만들어보았다가 망치는 바람에 다시 할 엄두를 내지 못하는 사람들도 많고요.

이 책을 쓰게 된 이유가 여기에 있습니다. 누구라도 어디에서든, 쉽게, 적은 양의 김치를 만들어 먹을 수 있다면 좋겠다고 생각했습니다. 김치 담그는 게 손에 익은 예전의 어머니들은 마당이 사라지고, 장독이 없는 아파트에서도 김장을 척척 완성할 수 있었습니다. 하지만 지금의 젊은 세대는 김치를 담가보는 경험 없이 독립을 하고, 가정을 꾸린 경우가 많습니다. 구입해 먹는 김치 중에는 믿을 수 있는 재료로 맛있게 담그는 것도 많습니다. 그렇지만 손수 김치를 담그는 재미와 나누어 먹는 기쁨 역시 한국인으로 살면서 맛볼 수 있는 특별한 즐거움이라고 생각합니다. 그래서 초보자일지라도 따라만 하면 김치를 만들 수 있도록 레시피를 간결하게 정리하기로 했습니다.

배추와 무로 만드는 기본 김치와 더불어 계절 재료로 만드는 김치를 소개하면서 장아찌도 빼놓을 수 없겠다는 생각이 들었습니다. 장아찌는 신선한 재료, 알맞은 양념 비율, 보관 방법이 중요합니다. 좋아하는 향이나 맛을 내는 부재료는 조금씩 더해 취향에 맞게 완성해 나가면 됩니다.

제가 35년 넘게 한식 조리를 하면서 경험하고 느낀 각종 김치와 장아찌 만드는 법을 정리하는 데 있어서 아들의 도움이 컸습니다. 현재 음식 관련 사업을 하고 있는 큰아들과 김치, 장아찌 레시피를 간단하게 만드는 것에 대해 토론하고, 함께 만들어 보고, 수많은 질문에 답해가며 이 책을 써 나갔습니다. 이 책을 준비하면서 김치는 한국음식 중 가장 보편적이며 오랫동안, 앞으로도 계속하여 사랑 받을 음식임을 다시 한 번 느꼈습니다. 또한, 우리 선조들에게 물려 받은 유산, 한국인이 누려온 특별한 전통, 지역의 색깔이 살아 있는 음식이라는 가치를 우리가 함께 잘 지켜나갔으면 좋겠다는 바람도 커졌습니다.

끝으로 이번 책을 준비하면서 제 스스로 부족한 부분이 많다는 것을 느꼈습니다. 이 책이 제가 앞으로 정진할 길에 초석이 될 것으로 이해해 주시길 바랍니다. 책으로 만날 수 있게 된 여러분께 진심으로 감사 인사를 드립니다.

고맙습니다.

2021년 가을, 용인 시골집 장독대에서 임성근

이 책을 활용하는 방법

❶ 재료의 특징 알기

풋마늘, 갓, 고들빼기, 콜라비 같은 생소한 재료도 이 책에 나옵니다. 또, 봄부추와 가을부추도 구분하여 사용하고요. 다양한 재료의 제철, 생김새, 맛, 특징, 어울리는 조리법 등에 대한 정보를 재료 사진과 함께 볼 수 있게 정리했습니다.

❷ 담가 먹는 시기, 담그는 시간, 보관 기간 제시

배추와 무, 오이, 양파 등 사시사철 구할 수 있는 재료 외에 계절을 타며 한 때만 잠시 나오는 채소도 있습니다. 이런 채소는 일정한 시기가 지나면 구할 수 없으니 제철을 월로 표기했습니다. 또 초보자들이 김치나 장아찌를 담글 때 참고할 수 있도록 담그는 데 걸리는 시간, 어느 정도 기간 동안 보관하면 적절한지 모두 제시하고 있습니다.

❸ 한 가지 레시피로 두 가지 요리를 배워요

한 가지 레시피를 활용해서 비슷한 김치 혹은 완전히 다른 요리를 만들 수 있는 방법을 알려드립니다. 예를 들어, 얼갈이 겉절이 양념으로 얼갈이 열무 겉절이도 만들 수 있고, 고추지를 활용해서 고추지 무침을 만들어 볼 수 있게 활용도 높은 레시피를 하나 더 알려드립니다.

❹ 계량 기준

책 속에 수록된 모든 조리법은 계량 저울, 계량컵, 계량 스푼으로 재료의 분량을 측정하였습니다. 1컵은 200㎖, 1큰술은 15㎖, 1작은술은 5㎖ 입니다.

❺ '양념' 대신 '한끗 김치 양념' 혹은 '한끗 장아찌 절임장' 사용

각 레시피 재료마다 표기된 '양념' 대신 '한끗 김치 양념' 혹은 '한끗 장아찌 절임장'을 사용해도 같은 맛을 낼 수 있습니다. 한끗 양념을 만들어 두고 사용하면 김치나 장아찌의 맛을 간단하게 낼 수 있습니다. 임성근 조리장의 특별 비법이 담긴 '한끗 김치 양념'은 30쪽, '한끗 장아찌 절임장'은 152쪽을 참조하여 만드세요.

❻ 임성근 조리장이 알려주는 한끗 다른 알짜 정보

각각의 레시피에는 임성근 조리장만의 특별한 조언이 곁들여집니다. 재료의 특징에 따른 밑손질, 더 맛있어지는 조리 포인트, 계절에 따라 달라지는 조리법 등 특별한 노하우를 일목요연하게 정리했습니다. 같은 재료라도 손질이나 담그는 방법에 따라 완성도를 높이는 알짜배기 정보이니 요리 시작 전에 반드시 읽어보세요.

❼ 조리를 쉽게 하기 위한 과정 사진

글만으로는 알쏭달쏭할 수 있는 재료 손질법, 써는 법, 칼집 내는 법 등을 알아보기 쉽게 사진과 함께 수록하였습니다. 요리하는 게 익숙하지 않은 초보일지라도 사진을 보며 따라하면 이해하기 쉬워집니다.

❽ 기본이 되는 김치는 알기 쉽게 사진으로 배우기

가장 흔하게 많이 담가 먹는 포기김치, 깍두기, 나박김치, 오이소박이는 눈으로 보며 따라할 수 있게 정리했습니다. 재료 손질부터 양념하기까지 모든 과정을 사진으로 볼 수 있습니다. 담그는 게 어려울 때는 사진을 하나하나 확인하면 이해하기 쉬워집니다. 배추 절이는 방법 또한 손질부터 마무리까지 순서대로 세세하게 사진으로 담았으니 36쪽을 참고하세요.

contents

김치와 장아찌 책을 정리하며 004
이 책을 활용하는 방법 006

한끗 쉬운 김치

한끗 쉬운 김치를
만들기 위해 알아둘 것

 김치 초보가 묻고 임성근 선생님이 답해요 014

가장 기본이 되는, 고추 020
김치 감칠맛의 비결, 젓갈 022
비린 맛은 줄이고 감칠맛은 살린, 저염 액젓 024
김치에 맛과 향을 더하는, 마늘 & 생강 025
김치 맛을 좌우하는, 소금 & 감미료 026
양념이 잘 묻게! 발효에 꼭 필요! 김치 풀 028
한끗 김치 양념 031
한끗 새콤달콤 무침 양념 031

배추김치

 실패 없는 배추김치 비법 034

통배추 절이기 036
포기 김치 040
맛김치 046
배추 백김치 048
소 없는 백김치 048
배추 무 동치미 050
배추 겉절이 052

무김치

 실패 없는 무김치 비법 056

깍두기 057
국물 깍두기 062
굴 깍두기 064
총각김치 066
나박김치 068
동치미 074
총각무 동치미 076
무채 김치 078
무생채(김치 맛) 080
무생채(새콤달콤) 081

다양한 채소 김치

 실패 없는 다양한 채소 김치 비법 084

유채 겉절이 086
돌나물 물김치 088

풋마늘 숙채 김치 090
열무김치 092
열무 물김치 094
얼갈이 겉절이 096
열무 얼갈이 겉절이 096
얼갈이김치 098
얼갈이 열무김치 098
얼갈이 오이 물김치 100
맑은 얼갈이 오이 물김치 100
양파김치 102
양배추김치 104
양배추 물김치 106
오이소박이 108
오이 송송이 114
오이 부추 겉절이 116
오이소박이 물김치 118
고추소박이 120
고추소박이 물김치 122
봄 부추김치 124
가을 부추김치 126
쪽파김치 128
대파김치 130
갓김치 132
갓 물김치 134
고들빼기김치 136
콜라비 깍두기 138
콜라비 생채 138
콜라비 물김치 140

한끗 쉬운 장아찌

입맛 돋우는 장아찌 담그기 기본 준비

 장아찌 초보가 묻고 임성근 선생님이 답해요 144

절임장 기본 재료 148
용기 소독 & 탈기 150
한끗 장아찌 절임장 152

간장 장아찌

풋마늘장아찌 156
미나리장아찌 158
두릅장아찌 160
두릅장아찌 무침 160
돼지감자 장아찌 162
풋토마토 양파장아찌 164
햇 양파장아찌 166
곰취장아찌 168

명이나물장아찌 170
마늘종장아찌 172
마늘장아찌 174
참외장아찌 176
오이장아찌 178
고추장아찌 180
고추장아찌 무침 180
깻잎장아찌 182
연근장아찌 184
무장아찌 186
무장아찌 무침 186
모둠 버섯장아찌 188

소금 장아찌

양파 소금장아찌 192
오이지 194
오이지 냉국 194
오이지 무침 194
고추지 196
고추지 무침 196
깻잎 소금장아찌 198
깻잎 소금장아찌 양념 198

식당용 레시피

식당용 김치

열무 얼갈이 김치 202
삼색 물김치 204
오이소박이 206
오이 백소박이 208
오이 물김치 210
배추 생 겉절이 212
배추 절임 겉절이 214
배추김치 216
맛김치(김치찌개용) 218
배추 물김치 220
상추 물김치 222
깍두기 224
동치미 226
냉면용 동치미 228
갓김치 230
갓 백김치 232
오이지(새콤달콤한 맛) 234
오이피클 236
양배추 깻잎피클 238

김치 활용 요리

돼지고기 김치 짜글이 240
돼지고기 김치찜 242
고등어 김치찜 244
비지 등갈비 김치찜 246
김치 동태찌개 248
김치 낙지죽 250

찾아보기
가나다 순 252
주재료 순 254

한끗 쉬운
김치

김치는 우리 밥상에서 기본이 되는 음식이지만 정작 김치를 담그는 일은 왠지 엄두조차 나지 않죠. 김치를 담가본 적 없는 사람들 대부분이 '김치는 어려워'라고 생각할 거예요. 하지만 김치를 직접 만들어 보면 '생각보다 쉽다'는 것을 알게 될 거예요.
배추, 무, 열무, 파 등 재료는 달라져도 김치의 기본 양념은 달라지지 않습니다. 김치에 붉은 색을 내는 고춧가루를 기본으로, 간을 맞추는 젓갈, 감칠맛을 내는 설탕 등의 감미료, 향과 맛을 더하는 마늘과 생강만 있으면 얼마든지 김치를 담글 수 있으니 어찌 보면 이보다 더 쉬운 음식이 없죠.

라면도 처음 끓일 때는 물을 얼마만큼 넣어야 하는지, 얼마나 끓여야 제맛이 나고 맛있게 익는지 알 수 없지만 한두 번 해보면 감이 오는 것처럼 김치도 마찬가지에요. 시행착오를 겪다 보면 내 입맛에 맞는 김치 한두 가지쯤 담글 수 있게 됩니다. 물론 재료 손질은 어떻게 해야 할지, 재료는 절여야 할지 말아야 할지, 절인다면 어느 정도 절여야 하는지, 또 양념 재료는 어떤걸 얼마나 넣어야 하는지 등 라면보다는 과정이 복잡하니 김치에 대한 두려움이 앞서겠죠.

이 책에서는 좋은 재료를 고르는 방법부터 올바른 손질, 재료 절이기와 양념하여 익히고 보관하기까지 김치를 담그기 위한 모든 것을 알려드립니다. 주재료에 따라 더 맛있게 김치를 완성하는 비결은 무엇인지, 이 재료는 왜 필요한지 등 김치 초보가 궁금할 법한 것까지 모두 정리해보았습니다. 그럼에도 김치 맛내는 게 어렵게 느껴진다면 31쪽에 소개한 [한끗 김치 양념]을 활용해 보세요.
한 번 만들어 두면 여러 김치에 두루두루 사용할 수 있고, 냉동하면 4~5개월은 너끈히 보관할 수 있는 양념이에요. 김치를 담글 때마다 일일이 양념을 준비할 필요 없이 재료 준비만 하면 되니 얼마나 편리한가요.

자, 이제 임성근 선생님이 알려주는 쉬운 레시피와 노하우를 따라하며 김치 담그기에 한번 도전해 볼까요!

김치 초보가 묻고 임성근 선생님이 답해요

김치 재료는 왜 소금에 절여야 하나요?
"재료에서 수분이 나와 싱거워지면 김치가 맛이 없고 변질되기 쉬워요."

버무려서 바로 먹는 즉석 김치 재료는 절이지 않아도 됩니다. 반면 보관해두고 먹는 김치는 재료에서 수분이 나오면 양념이 희석되어 맛이 싱거워지며 쉽게 변질됩니다. 오래 보관하기 위해서는 재료를 소금에 절여 수분을 빼는 과정이 필요합니다. 특히, 배추김치가 싱거우면 배추가 무를 수 있기에 아삭한 맛을 즐기고 싶다면 배추를 골고루 잘 절이는 게 아주 중요합니다. 또한, 억세고 질긴 재료는 소금에 절이면 부드러워집니다. 예를 들어, 열무나 얼갈이로 김치를 담글 때 연하고 어린 것은 절이지 않고 김치를 담가도 부드럽고 맛있어요. 하지만 질기고 억센 것은 소금에 절여야 풋내가 줄고 식감도 부드러워져요.

김치 재료를 절일 때 어떤 소금을 사용하면 되나요?
"간수가 잘 빠진 천일염을 사용하세요."

김치를 절일 때 쓰는 '바다 소금', 즉 천일염, 그 중에서도 간수가 잘 빠진 것을 사용해야 합니다. 만약 간수가 제대로 빠지지 않아 소금에 불순물이 남아 있으면 김치가 무르기 쉬워요.

간수가 잘 빠진 천일염이라는 것을 어떻게 알죠?
"흰색을 띄고 물기가 없어 보슬보슬합니다."

간수가 잘 빠지지 않은 소금은 약간 비치듯이 반짝반짝하고 반투명합니다. 간수가 빠지지 않아 물기가 반짝이는 겁니다. 반면 간수가 잘 빠진 소금은 비침 없이 흰색을 띄어요. 물기가 없으니 손으로 꽉 쥐었다가 놓아도 손에 붙지 않을 만큼 보슬보슬합니다.

간수가 잘 빠지지 않은 소금을 구입했을 때는 어떻게 해야 하나요?
"물에 헹궈서 불순물을 제거한 뒤 햇볕에 말리세요."

간수가 제대로 빠지지 않은 소금을 큰 그릇에 담고 소금이 충분히 잠길 정도로 물을 받아 손으로 한두 번 휘저어 불순물을 헹궈내세요. 이렇게 해도 소금이 녹지 않으니 안심해도 됩니다. 소금을 물에 헹구면 불순물뿐 아니라 쓴맛도 어느 정도 제거되어 더 좋아요.
물에 헹군 소금은 체에 받쳐 물기를 뺀 다음 넓은 채반에 면포를 깔고 그 위에 소금을 펼쳐 담아 햇볕에서 바싹 말립니다. 손으로 쥐었을 때 손에 달라붙지 않을 정도가 되면 걷어서 밀폐 용기에 담아 보관하세요. 분량이 많을 때는 물에 헹군 뒤 양파 망처럼 고운 망에 넣어서 햇빛에 걸어 말린 뒤 바람이 잘 통하는 그늘진 곳에 걸어두고 사용하면 됩니다.

김치 재료 절이기 요령이 있을까요?
"소금물에 재료가 휘어질 정도로 절이세요. 두꺼운 부분은 천일염을 뿌려야 골고루 잘 절여집니다."

배추를 절일 때는 반으로 자른 배추를 옅은 소금물(소금:물=1:8)에 한 번 적시고 배춧잎 사이사이에 천일염을 뿌리세요. 배추 밑둥 쪽과 두꺼운 줄기에는 소금을 넉넉히 뿌리고 연한 잎에는 뿌리지 않습니다. 소금을 뿌린 배추는 자른 단면이 위쪽을 향하게 두고 무거운 것(깨끗한 돌, 물을 담은 비닐이나 냄비 등)을 올려 수분을 뺍니다.

배추에서 수분이 빠지면서 밑에 소금물이 생기기 때문에 아래쪽에 있는 배추가 먼저 절여지죠. 그렇기 때문에 3~4시간에 한 번씩 위쪽의 배추는 아래쪽으로, 아래쪽의 배추는 위쪽으로 자리를 바꾸세요. 이렇게 하며 대략 10~12시간 정도 절이면 됩니다. 계절, 소금의 염도, 배추의 두께 혹은 수분 함량에 따라 절여지는 시간은 달라집니다. 그러므로 배추가 잘 절여졌는지 알아보려면 배추의 두꺼운 줄기 부분을 손으로 구부려보세요. 부러지지 않고 부드럽게 휘어지면 잘 절여진 것입니다.

총각무, 알타리, 열무, 얼갈이 배추도 소금물(소금:물=1:5)에 담가 손으로 휘었을 때 부러지지 않을 정도로 절이면 됩니다. 총각무는 무를 먼저 소금물에 1시간 정도 담가두었다가 줄기와 잎을 나중에 함께 담가 절입니다. 열무도 무가 큰 경우에는 무를 먼저 절이세요. 중간에 위 아래를 한두 번 뒤집어 골고루 절입니다.

김치에 풀을 꼭 넣어야 하나요?
"김치 풀은 발효를 돕고 재료에 양념이 잘 묻게 하며 풋내를 잡아줍니다."

풀은 찹쌀풀이나 밀가루풀을 가장 많이 사용하는데, 대략 물 1컵에 찹쌀가루나 밀가루 1큰술을 풀어서 플레인 요구르트 정도의 농도가 될 때까지 끓여서 만들어요. 풀은 김치가 빨리 숙성될 수 있도록 유산균의 먹이 역할을 하여 발효를 돕고, 감칠맛을 더합니다. 또한, 양념이 서로 잘 엉겨 재료와 겉돌지 않게, 말하자면 재료와 양념의 접착제 역할을 하죠. 더불어 재료의 풋내와 잡내를 없애고, 줄기가 억센 열무와 얼갈이 등을 부드럽게 합니다. 하지만 풀을 많이 넣으면 김치에서 깔끔한 맛이 나지 않고 텁텁해집니다.

굵은 천일염을 믹서에 갈아서 사용해도 되나요?
"믹서에 갈면 쓴맛이 나니 절구에 빻아서 사용하세요."

간수가 잘 빠진 천일염을 구매했거나 앞의 방법대로 헹궈서 말린 천일염은 살짝 볶아서 사용하거나 입자를 곱게 빻아서 사용해도 좋아요. 소금의 입자를 곱게 하려고 믹서에 갈면 쓴맛이 올라오니 반드시 절구에 빻아서 사용하는 게 좋습니다.

풀을 넣지 않는 김치도 있나요?
"버무려서 바로 먹는 김치에는 풀을 넣지 않아도 됩니다."

풀은 발효를 돕고, 양념과 재료의 접착을 좋게 하는 역할이에요. 그렇기 때문에 절이지 않고 담가서 바로 먹는 김치에는 풀이 필요하지 않죠. 또한 풀이 많이 들어가면 텁텁한 맛을 내니 시원하고 깔끔하게 먹을 여름 김치에는 굳이 풀을 넣지 않아도 됩니다. 하지만 재료가 억셀 때는 풀이 억센 재료를 부드럽게 하는 역할을 하니 조금 넣으세요.

젓갈은 어디서 구입해야 하나요?
"김치 초보라면 마트에서 판매하는 브랜드 제품을 구입하세요."

예전에는 식구가 많고 지금처럼 먹을거리가 다양하지 않아서 한식 위주로 끼니를 해결했기 때문에 김치 소비가 많았어요. 한 밥상에 두세 가지 김치는 기본이었죠. 김치를 자주, 많이 담그다 보니 예전 엄마들은 강경이나 소래 포구에 직접 가서 1년 동안 먹을 젓갈을 구입해 두고 사용했죠. 지금은 김치를 자주 담가 먹지 않으니 마트에서 판매하는 소량 제품을 구입하는 게 효율적입니다. 시판 제품도 맛이 좋고, 위생적으로 만들어 안전하니 믿고 드셔도 됩니다.

젓갈은 어떤 걸 구입해야 하지요?
"김치에 따라 어울리는 젓갈이 따로 있습니다.
액젓을 기본으로 새우젓, 진젓을 사용합니다."

김치에 따라 어울리는 젓갈이 다르니 적재적소에 젓갈을 넣는 것도 김치를 맛있게 담그는 비결이라고 할 수 있습니다.
김장김치처럼 오래 보관해 두고 먹을 김치에는 액젓과 멸치 진젓, 새우젓을 함께 넣습니다. 갓김치와 고들빼기김치, 파김치는 액젓에 비해 비린 맛이 강한 진젓이 들어가야 맛이 잘 어우러져 훨씬 맛있습니다. 하지만 젓갈 특유의 비린 맛이 부담스럽다면 액젓만 사용해도 괜찮습니다.
금방 먹을 김치와 겉절이는 액젓으로 담가야 맛이 깔끔해요. 물김치는 액젓을 많이 넣지 말고 새우젓 또는 새우젓 국물로만 간을 해야 김칫국물이 깔끔합니다. 이 책에는 김치에 따라 어울리는 젓갈을 사용하고 있으니 잘 따라 해보세요.

액젓 종류가 다양한데 어떤 걸 사야 하나요?
"기름기가 많은 생선일수록 감칠맛이 뛰어난 반면 비린 맛이 강해요. 취향에 따라 선택하세요."

멸치액젓 김치에 가장 흔히 사용합니다. 감칠맛이 좋고 비린 맛도 강합니다.
까나리액젓 멸치액젓에 비해 감칠맛은 덜하지만 비린 맛이 적고 단맛이 많습니다.
참치액젓 감칠맛이 가장 뛰어나고 비린 맛도 가장 적습니다.

액젓은 입맛에 따라 선택하면 되는데, 기름기가 많은 생선일수록 젓갈의 감칠맛이 뛰어납니다.
감칠맛은 살리고, 비린 맛은 줄이고 싶다면 24쪽에 소개한 저염 액젓을 만들어 사용하세요. 김치 외에 다른 요리를 할 때도 아주 유용합니다.

김치에 소주를 넣는 이유는 무엇인가요?
"방부 역할로 보존력을 높이기 위해서입니다."

김치 양념에 소주를 넣으면 방부 역할을 해 김치가 무르는 것을 방지하고 보관 기간도 길어져요. 김장김치나 깍두기, 파김치처럼 오래 두고 먹는 김치에는 소주를 넣는 게 좋습니다. 소주는 알코올 도수가 높은 것일수록 좋은데, 마트나 편의점에서 흔히 구할 수 있는 것을 사용하면 됩니다. 겉절이처럼 버무려서 바로 먹는 김치에는 소주를 넣지 않아도 됩니다.

김치 양념은 짜게? 싱겁게?
"절여진 재료가 싱거운지, 짭짤한지 맛을 본 다음 양념의 간을 맞추세요."

김치 양념의 간은 절여진 재료의 간에 따라 달라져야 합니다. 재료가 짭짤하게 절여졌다면 양념을 조금 싱겁게 하는 게 좋고, 반대로 재료가 싱겁다면 양념을 짭짤하게 해야 익은 뒤 김치의 간이 맞아요. 예를 들어, 배추가 덜 절여졌는데 양념을 싱겁게 한다면 김치에 물이 생기고 무르기도 하며 금방 시어 버립니다.

양념을 만들기 전에 반드시 절인 재료의 간을 보고 양념의 간을 맞추세요. 이 책에 제시된 양념 레시피는 알맞게 절여진 재료를 기준으로 하고 있습니다. 양념의 단맛도 개인의 입맛에 따라 다르게 맞추면 됩니다.

김치 양념이 남았어요. 어떻게 하죠?
"양념을 냉동 보관하거나 익혀서 겉절이를 만드세요."

양념이 남을 것 같으면 재료와 버무리기 전에 양념을 덜어 위생봉투나 지퍼백에 담아 냉동실에 보관하세요. 다음에 김치를 만들 때 녹여서 사용하면 됩니다.

다른 방법은 냉장실에 두고 양념을 익히는 것입니다. 냉장실에서 새콤하게 양념을 익힌 뒤 배추나 오이 등 생 채소를 넣고 버무려 바로 먹으면 맛이 좋지요.

김치 양념이 모자랄 때는 어떻게 해야 할까요?
"김치 재료를 덜어내고 버무리거나 양념의 재료를 조금 더 첨가하세요."

양념이 모자랄 것 같으면 김치 재료를 조금 덜어 두고 버무립니다. 덜어둔 재료는 김치를 버무린 그릇에 묻어있는 양념을 닦아내 듯 버무려 김치 통에 먼저 담으세요. 김치가 익으면서 양념이 밑으로 내려가기 때문에 양념이 조금 모자라도 큰 문제는 없을 겁니다. 김치를 버무리다가 양념이 모자랄 때는 고춧가루를 더 넣고 액젓으로 간을 맞추세요.

김치는 얼마나 익혀서 냉장고에 넣어야 하지요?
"김치의 국물 맛을 보고 새콤하게 익은 맛이 나면 냉장고에 넣으세요."

김치를 맛있게 먹으려면 보관도 중요합니다. 포기김치, 깍두기, 총각김치, 대파김치처럼 숙성시켜야 맛있는 김치는 실온에서 1~2일 정도 익힌 뒤 냉장고에 넣어 숙성하는 게 좋습니다.

실온에서 김치를 익힐 때는 계절, 실내 온도, 김치의 종류에 따라 익는 시간이 달라지죠. 여름에는 하루만 두어도 김치가 익지만 겨울에는 2~3일 정도 두어야 익어요.

김치를 실온에 두면 부글부글 기포가 생기고 부풀어 오르면서 익기 시작합니다. 이때 김치의 국물 맛을 보고 새콤하게 익은 맛이 나면 냉장고에 넣으세요. 김치가 익을 때는 국물이 먼저 익는데, 건더기가 새콤하게 익은 뒤 냉장고에 넣으면 금방 신김치가 됩니다. 신김치를 좋아하면 실온에서 더 익혀서 냉장고에 보관하면 됩니다. 오이김치, 열무김치, 양배추김치처럼 담가서 바로 먹는 김치는 익기 전에 냉장고에 넣고 숙성시키며 먹어도 좋아요.

김치통은 어떤 걸 선택해야 하지요?
"김치를 담고 꼭꼭 눌렀을 때 위로 6~7㎝ 정도 여유가 있는 스테인리스 통이 좋습니다."

김치를 맛있게 담갔다면 보관하는 것도 중요합니다. 김치는 공기와 최대한 접촉하지 않아야 그 맛을 유지하므로 김치통은 너무 크지 않은 것을 선택하세요. 그렇다고 딱 맞는 김치통을 선택하면 김치가 익으면서 국물이 넘치니, 가능하면 김치를 담은 뒤 위로 6~7㎝ 정도 여유가 있는 통이 적당합니다. 그리고 플라스틱보다는 유리나 스테인리스 재질의 통이 좋습니다.

김장김치는 왜 잘 무르죠?
"배추의 상태, 간수가 덜 빠진 천일염, 물기가 남아 있는 절인 배추 등 여러 가지 요인이 더해진 탓입니다."

김장김치가 무르는 요인은 여러 가지입니다.
- 배추가 좋지 않은 경우
- 간수가 덜 빠진 소금으로 배추를 절인 경우
- 절인 배추의 물기를 적게 빼서 수분이 많은 채로 김치를 담근 경우
- 무채를 썰 때 채칼을 이용하거나 결대로 썰지 않은 경우
- 김칫소에 무채가 너무 많이 들어가 김치에 수분이 많이 생긴 경우

오래 두고 먹을 김장김치를 담글 때는 평소보다 세심하게 신경을 써야 합니다. 보통 무채를 썰 때 둥근 모양대로 얄팍얄팍하게 썬 뒤 채를 써는데, 그건 결 반대로 채를 써는 방법이죠. 그렇게 썰면 무채가 부서집니다. 결대로 채를 썰려면 무를 썰기 좋게 길이를 토막내고, 토막을 눕혀서 길이대로 채를 써세요.

※ 길이대로 무채를 써는 방법은 41~42쪽 참조.

김치가 익어서 냉장고에 넣고 바로 먹었는데 맛이 이상해요.
"실온 숙성 후 냉장고에 넣은 김치는 3~4일 지난 다음에 먹어야 맛있어요."

실온에서 숙성시킬 때 발효과정에서 기포가 생기면서 부풀어오릅니다. 부풀었던 김치가 냉장고에 들어가면 찬 공기와 만나 가라앉으면서 신맛이 김치 속으로 배고 안정화 되는 과정이 3~4일 정도 필요합니다. 이 과정을 거쳐야 김치에 제대로 맛이 들어요. 냉장고에 넣은 다음 바로 먹으면 쓴맛이 나는데, 이런 김치를 '미쳤다'라고 표현하기도 합니다.

김치냉장고가 없어요 어떻게 보관해야 할까요?
"2주 안에 소진될 만큼 조금씩 담가서 먹는 게 가장 좋은 방법입니다."

김치는 너무 시거나 무르면 맛이 없으니 김치 냉장고가 없는 가정에서는 2주 안에 모두 먹을 만큼 조금씩 담그는 게 가장 좋습니다. 특히, 겉절이는 버무려서 바로 먹어야 맛이 좋으니 양념을 미리 만들어 냉장고에 두고 필요할 때마다 덜어서 사용하면 좋죠. 김치 냉장고가 있어도 묵은지를 만들 게 아니라면 김치를 오래 보관해두고 먹는 건 추천하지 않습니다.

어머니가 김치를 많이 담가 주셨어요. 다 먹을 때까지 맛있게 먹는 방법이 있을까요?
"한 쪽씩 공기가 통하지 않게 지퍼백에 담아 냉동실에 얼렸다가 먹을 때마다 녹여서 드세요."

포기김치는 가족이나 지인들이 담가주는 경우가 많죠? 하지만 양이 많은 김치를 조금씩 덜어 먹다 보면 김치가 많이 시어져 난감할 때가 있습니다. 이럴 때는, 김치가 완전히 익으면 한 쪽씩 지퍼백에 담아 냉동실에 얼리세요. 공기가 통하지 않게 공기를 최대한 빼고 입구를 잘 봉해서 얼려 두었다가 먹기 하루 전에 꺼내서 냉장실에 두고 해동하면 다 먹을 때까지 김치를 맛있게 먹을 수 있습니다.

생애 첫 김치 도전! 어떤 김치부터 담가보면 좋을까요?
"절이는 과정 없이 양념에 버무려 담그는 김치를 추천해요."

김치 초보가 처음부터 포기김치를 담그기는 좀 벅차죠. 양념을 만들고 속을 채워 넣는 것도 어려울테지만 그보다 배추를 제대로 절이는 것 또한 쉬운 일이 아닐 겁니다.
연한 얼갈이와 열무는 절이지 않고 양념에 버무리기만 하면 되니 쉬울 거에요. 꼭 열무와 얼갈이가 아니어도 오이나 부추, 양파, 파, 갓 등 양념을 넣어 버무리면 되는 재료를 선택하세요. 무쳐서 바로 먹는 겉절이류의 김치도 실패할 확률이 적으니 김치 초보에게 적당합니다.
31쪽의 [한끗 김치 양념]을 만들어 두면 번거롭게 일일이 양념을 만들지 않아도 됩니다.

김치통이 점점 비어갈 때 다른 통으로 옮겨야 하나요? 아니면 그대로 놔 두어도 되나요?
"통이 반 정도 비면 딱 맞는 통으로 옮기는 게 좋습니다."

김치가 무르는 이유 중 하나는 공기와 접촉되는 부분이나 횟수가 많기 때문이죠. 그래서 김치를 꺼낸 다음에는 반드시 꼭꼭 눌러서 공기가 들어가지 않게 해야 해요. 같은 이유로 김치통에서 김치가 반 정도 비면 김치 양에 딱 맞는 통으로 옮기고 다시 꼭꼭 눌러서 공기와의 접촉을 최소화해야 합니다.

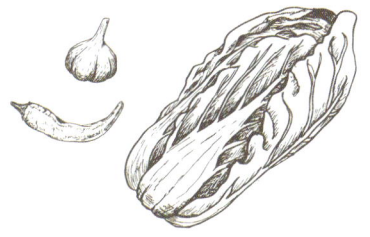

한끗 쉬운 김치를 만들기 위해 알아둘 것

가장 기본이 되는, 고추

고춧가루는 김치에 먹음직스러운 붉은 색과 매콤한 맛을 내는 역할을 한다. 마른 고추와 홍고추는 식욕을 돋우고 김치가 상하는 것을 막는 방부제 역할을 한다.

고춧가루

8월의 뜨거운 태양을 받고 자라 붉게 익은 고추를 9월에 수확해서 태양 아래 바싹 말렸다가 10월이 되면 고춧가루로 만든다. 김치를 자주 담가 먹는 집이나 우리의 엄마들은 해마다 햇 고춧가루가 나오는 10월에 1년 동안 두고 먹을 고춧가루를 장만한다.

햇 고춧가루로 구입 좋은 햇 고춧가루로 김치를 담그면 색이 고와 먹음직스러워 보이고, 맛도 좋으며 방부 역할도 톡톡히 한다. 좋은 고춧가루는 곱고 선명한 다홍 빛이 돌고 만져봤을 때 수분이 적어 보슬보슬하다. 색이 검붉은 고춧가루는 맛이 없는, 묵은 고춧가루일 확률이 높으니 구입하지 않는 게 좋다. 하지만 햇 고춧가루라고 해도 시간이 지나면 수분이 날아가 단맛도 없어지고 색도 점점 검게 변하며 묵은 고춧가루가 된다.

고춧가루 구입 요령 김치를 적게 먹는 집이라면 필요할 때마다 조금씩 구입하는 게 좋다. 소량 판매하는 고춧가루는 대부분 말린 햇 고추를 대량 구입해 잘 보관해 두었다가 필요한 만큼 빻아서 판매하기 때문에 묵었을 염려가 적다. 마트에서 고춧가루를 구입할 때는 고추의 원산지와 가공 년 월일(고추를 빻은 날짜), 유통기한을 반드시 확인한다.

고춧가루 보관 요령 겨울에는 바람이 잘 통하는 서늘하고 그늘진 곳에 두어도 되지만 여름에는 냉장고에 넣지 않으면 곰팡이가 피거나 쉽게 상한다. 밀폐력이 좋은 통이나 병에 담아 김치냉장고나 냉동실에 보관한다. 냉장고에 보관할 때 밀폐력이 좋지 않은 용기를 사용하면 고춧가루가 냉장고 속 잡내를 흡수하니 밀폐력이 좋은 용기를 사용한다.

고춧가루 입자 크기에 따라 고춧가루는 입자에 따라 맛도, 쓰임도 달라진다. 굵은 고춧가루가 단맛이 가장 좋지만 거칠기 때문에 김치에는 중간 고춧가루를 주로 사용한다. 고운 고춧가루만 사용하면 고추장을 넣은 양 텁텁해진다.
김장김치처럼 오랫동안 저장하는 김치에는 중간 굵기의 고춧가루를 사용하는 게 좋고, 열무나 얼갈이 김치를 담글 때는 굵은 고춧가루가 좋다. 빠른 시일 내에 먹을 봄 김치나 겉절이에는 고운 고춧가루를 약간 섞으면 색이 한결 곱다.

마른 고추

물에 불려 갈아서 사용하면 김치가 한결 먹음직스러워 보이고 맛과 영양을 높일 수 있다. 마른 고추는 단맛이 좋으니 담가서 바로 먹는 김치나 봄 김치에 사용하면 좋다. 고를 때는 모양이 온전한 것, 살이 두꺼운 것을 선택해야 당분이 많아 김치가 달고 맛있어진다. 마른 햇 고추가 나올 때 구입해서 냉동실에 보관해 두면 사용하기 편리하다.

홍고추

풋고추가 붉게 변하면서 한창 물이 올라 맛과 영양이 가득해지는 여름에는 김치에 홍고추를 갈아 넣어 본다. 감칠맛도 좋아지고 김치의 색도 한결 곱고 먹음직스러워 보인다. 보통 여름 김치에 주로 사용하는데, 열무김치나 얼갈이김치에 넣으면 단맛은 물론 색도 좋아진다.

청양 고춧가루 & 청양고추

매콤한 김치를 좋아하면 일반 고춧가루에 청양 고춧가루를 섞어서 김치를 담근다. 청양 고춧가루는 특유의 매운 맛 덕에 김치의 항균력과 보존력을 높여 오래 저장해두고 먹을 김치에 넣으면 좋다. 청양 고춧가루의 매운 맛은 열무나 얼갈이처럼 풋내가 많은 채소의 풋내를 잡아주기도 한다. 물김치에 칼칼한 맛을 내고 싶을 때는 청양고추에 어슷하게 칼집을 넣어 그대로 넣으면 매콤한 맛이 깔끔하게 국물에 우러난다.

고추씨

동치미나 백김치에 깔끔한 맛을 내고 싶을 때는 고추씨를 활용한다. 고추씨는 칼칼하면서도 톡 쏘는 맛을 살릴 수 있고, 비타민 C도 많다. 보관할 때는 냉장보관해 두어야 맛과 영양이 변하지 않는다.
고추씨를 물에 한 번 헹궈 붉은 물을 빼고 끓는 물에 넣어 뭉근히 15분 정도 끓이면 매콤하고 시원한 맛이 우러난다. 그 물로 동치미나 백김치를 담그면 매콤하면서도 무보다 시원한 맛을 낼 수 있다.

김치 감칠맛의 비결, 젓갈

젓갈은 멸치나 새우, 까나리 등의 해산물에 소금을 듬뿍 섞어 오래 두고 먹을 수 있게 발효하여 만든다. 김치에 간을 맞추고, 깊은 감칠맛을 내는 역할을 한다. 멸치액젓, 까나리액젓, 멸치 진젓, 새우젓이 김치를 담글 때 주로 사용하는 젓갈이다. 김치의 주재료에 따라 젓갈을 다르게 사용해야 김치 맛도 훨씬 좋아진다. 액젓과 진젓은 매우 짜기 때문에 냉장보관하지 않아도 되며 해가 들지 않는 서늘한 곳에 두고 사용하면 된다.

멸치액젓

멸치에 소금을 듬뿍 섞어서 숙성한 뒤 건더기를 거르고 맑은 국물만 내린 젓갈. 구수하고 단맛을 내는 게 특징이다. 멸치액젓은 어느 김치에나 잘 어울려 두루 사용하며, 색이 맑고 비린내가 강하지 않은 게 좋은 것이다.

멸치 진젓

멸치를 소금에 절여 푹 발효한 뒤 거르지 않은 걸쭉한 젓갈이다. 잘 삭은 것은 구수하면서도 단맛과 감칠맛이 좋다. 하지만 액젓보다는 비린 맛이 많이 나 초보가 사용하기에는 쉽지 않다. 김장김치처럼 오래 익히며 먹는 김치 외에는 잘 사용하지 않지만 파김치나 고들빼기김치, 갓김치에 액젓과 섞어 사용하면 한결 깊고 좋은 맛을 낼 수 있다.

까나리액젓

까나리액젓도 멸치액젓과 같은 방법으로 만든다. 멸치액젓보다 비린내가 적고 맛이 깔끔해 오래 숙성해 두고 먹을 김치보다는 한 달 내에 먹을 김치나 겉절이 류의 김치에 주로 사용한다.

새우젓

김치에 시원하고 담백한 맛을 선사한다. 5월에 잡은 새우로 담근 것을 오젓, 6월에 담근 것을 육젓, 7월에 담근 것을 추젓이라 한다. 그 중에서 육젓이 가장 맛이 좋고 가격 또한 비싼 편이다. 김치에 사용하는 새우젓은 비교적 저렴하고 굵은 추젓이 더 잘 어울린다. 누렇게 변했거나 냄새가 나는 것은 변질된 것이니 맑고 깔끔하며 단맛이 나는 새우젓을 구입한다.

참치액젓

참치를 훈연한 뒤 소금에 절여서 숙성한 다음 액체화한 것. 훈연하지 않고 숙성하는 것도 있지만 훈연 참치액젓이 깊은 맛과 감칠맛이 훨씬 좋다. 다른 젓갈에 비해 비린내가 거의 없고 감칠맛이 풍부해 봄과 여름에 나는 연하고 싱싱한 채소를 버무려서 바로 먹는 겉절이를 만들 때 주로 사용한다. 젓갈 특유의 쿰쿰하고 비릿한 맛에 거부감이 있는 사람이라면 멸치액젓이나 까나리액젓 대신 참치액젓을 사용해 본다.

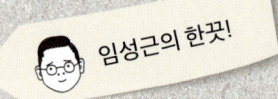 임성근의 한끗!

비린 맛은 줄이고 감칠맛은 살린
저염 액젓

젓갈의 비린 맛을 줄인 액젓을 직접 만들어 보자. 멸치액젓에 물과 소주, 멸치, 생강 등을 넣고 끓여 비린 맛은 줄이고 감칠맛은 한층 살렸다. 김치를 담글 때 넣어도 좋고, 반찬이나 국을 끓일 때 사용하면 음식 맛이 한결 좋아진다.

재료
- 멸치액젓 … 1ℓ
- 물 … 2ℓ
- 소주 … 600㎖
- 국물용 멸치 … 700g
- 생강 … 100g
- 다시마(20x20㎝) … 1장

보관 냉장 보관 시 1년

1 생강은 얇게 저며 썰고, 국물용 멸치는 머리와 내장을 제거한 뒤 센 불에서 5분 정도 볶아 비린내를 날린다.

2 냄비에 준비한 모든 재료를 넣어 끓인다.

3 한 번 팔팔 끓으면 불을 약하게 줄여 20분 정도 끓인 뒤 건더기를 건져낸다.

김치에 맛과 향을 더하는, 마늘 & 생강

마늘과 생강은 김치에 빠져서는 안 될 매우 중요한 재료이다. 매운 맛과 향을 더하며 항균 작용도 담당한다. 배추가 주재료인 김치에는 마늘과 생강이 중요하고, 양파, 쪽파 등 매운 맛이 있는 채소 김치에는 특별히 많이 사용하지 않아도 된다. 또한 무, 알타리, 총각무 같은 무가 주재료인 김치는 마늘이 중요하지는 않지만 생강은 꼭 들어가야 한다.

마늘

달고 알싸한 맛이 나는 마늘은 김치에 빠질 수 없는 필수 재료 중 하나로 매운 맛을 내고 항균 작용을 한다. 믹서에 갈아 사용하면 김치가 빨리 무르고 쉴 수 있으니 반드시 칼로 다지거나 절구에 빻아서 사용해야 한다. 동치미나 나박김치 등 국물 김치에는 채를 썰거나 편으로 썰어 넣기도 한다. 마늘을 고를 때에는 알이 단단한 것이 좋다.

생강

생강은 향신료에 속하는 재료이니 너무 많이 넣으면 쓴맛이 날 수 있다. 특히 오래 보관해두고 먹을 김치나 여름 김치일 수록 생강을 적게 사용해야 한다. 알이 굵은 것보다 알이 작게 퍼진 토종 생강이 향이 좋고 쓴맛이 적어 김치를 담갔을 때 훨씬 맛이 좋다. 중국산 생강은 김치를 무르게 할 수 있다.

김치 맛을 좌우하는, 소금 & 감미료

소금으로 채소를 절이면 수분이 빠져 김치에 물이 많이 생기지 않는다. 김치에 물이 생기면 양념이 겉돌고 싱거워진다. 김치에 사용하는 소금은 천일염이라야 김치가 무르지 않는다. 감미료는 김치에 감칠맛을 살려주는데, 이 책에서는 흰 설탕을 기본으로 사용하며 김치에 따라 뉴슈가나 매실청을 사용하기도 한다.

천일염, 고운 소금

소금은 음식을 할 때 가장 중요한 역할을 하는 조미료로 김치 재료를 절일 때와 부족한 간을 맞출 때 사용한다. 재료를 절일 때는 반드시 천일염을 사용한다.
천일염은 무기질이 풍부해서 김치를 잘 무르지 않게 한다. 천일염은 손으로 쥐었을 때 간수가 잘 빠져 보슬보슬하게 수분기가 없어야 하고 뽀얀 흰색을 띠는 게 좋다. 간을 맞출 때는 고운 소금을 사용해야 짜지 않고 맛있는 김치를 완성할 수 있다. 고운 소금 역시 간수가 잘 빠진 천일염이라야 한다. 김치에서 쓴맛이 나는 이유는 보통 간수가 빠지지 않은 소금을 사용했기 때문이다.

※ 간수를 빼는 방법은 14쪽 참조.

설탕

음식을 하는데 없어서 안 되는 중요한 조미료이다. 김치에 감칠맛을 더하는 역할이므로 단맛이 많이 나지 않도록 조금만 넣어야 한다.
깍두기처럼 무가 주재료인 김치에 설탕을 많이 넣으면 삼투압 작용으로 인해 무의 수분이 빠지면서 국물에 점성이 생겨 식감이 좋지 않으므로 소량만 사용한다. 반면 버무려서 바로 먹을 겉절이 류의 김치는 다른 김치에 비해 단맛이 좀 더 있어야 맛있게 느껴지므로 저장 김치보다 설탕을 약간 더 넣는다.
비정제 설탕이나 흑설탕은 저마다의 향과 맛을 지니므로 김치에는 어울리지 않는다. 김치에 들어가는 감미료는 자체의 단맛이 강해야 김치가 잘 무르지 않는다.

뉴슈가

뉴슈가는 설탕보다 단맛이 강한 감미료로 조금만 넣어도 단맛이 확 살아난다. 깍두기를 담글 때 설탕을 많이 넣으면 양념에 점성이 생겨 깔끔하지 않다. 이럴 때는 설탕으로 감칠맛만 살리고 뉴슈가를 약간 넣어 단맛을 올린다.
여름 무는 단맛이 없고 쓴맛이 나며 푸석푸석해서 맛이 없다. 그래서 여름에 깍두기 등의 무 김치를 담글 때는 무를 절일 때 소금과 함께 감미료를 넣어 무에 단맛을 살린다. 이때 뉴슈가를 약간 넣으면 단맛은 살고 쓴맛은 빠져 맛이 좋아진다. 물김치를 담글 때도 설탕을 많이 사용하면 간혹 국물에 점성이 생겨서 맛이 떨어진다. 이럴 때는 뉴슈가를 약간만 넣어 깔끔한 맛을 살린다.

매실청

양파김치나, 대파김치, 쪽파김치 등 아린 맛이 있는 재료로 김치를 담글 때 사용하면 좋다. 중국집에서 반찬으로 나오는 양파에 식초를 넣으면 아린 맛이 중화되는 것처럼 매실청이 재료의 아린 맛을 줄일 수 있기 때문이다. 또한 저장 김치보다는 바로 먹는 김치에 잘 어울린다.

양념이 잘 묻게!
발효에 꼭 필요! 김치 풀

김치에는 찹쌀가루로 쑨 찹쌀풀을 가장 많이 사용하는데, 풋내가 많이 나는 열무나 얼갈이 김치를 담글 때는 밀가루로 쑨 밀풀을 사용하는 게 더 알맞다. 삶은 감자로 만드는 감자풀은 시원하고 담백하며 구수한 맛을 내므로 물김치나 여름 김치에 잘 어울린다. 풀을 쑬 시간이 없을 때는 찬밥에 물을 부어 믹서에 갈면 다른 풀을 대신할 수 있다.

단맛이 가장 좋아요
찹쌀풀

재료 물 … 1컵
  찹쌀가루 … 1큰술

1 냄비에 물을 붓고 찹쌀가루를 넣어 덩어리 지지 않게 거품기로 잘 푼다.

2 ①을 센불에 올려 거품기로 계속 저어가며 끓이다가 엉기기 시작하면 불을 약하게 줄인다.

3 바닥에 눌어붙지 않게 계속 저으면서 미음 정도의 농도가 될 때까지 약 5분 정도 더 끓인다.

※ 풀을 쑬 때 엉기기 시작하면 풀이 다 익은 것이지만 5분 정도 더 끓여야 단맛이 올라온다.

채소의 풋내를 없애줘요
밀가루풀

재료   물 … 1컵
　　　　 밀가루 … 2큰술

1. 냄비에 물을 붓고 밀가루를 넣어 덩어리가 지지 않게 거품기로 잘 푼 다음 불에 올린다.
2. 저으면서 끓이다가 농도가 생겨 엉기기 시작하면 불을 약하게 줄이고 밀가루 냄새가 나지 않고 미음 정도의 농도가 될 때까지 계속 저어가며 2~3분 정도 더 끓인다.

시원하고 구수한 맛
감자풀

재료   물 … 적당량
　　　　 감자 … 2개

1. 감자는 껍질을 벗기고 일정한 크기로 잘게 잘라 냄비에 넣는다.
2. ①의 냄비에 감자가 겨우 잠길 만큼 물을 붓고 뚜껑을 덮어 감자가 푹 익을 때까지 10분 정도 삶는다.
3. 감자를 식힌 뒤 감자 삶은 물 2컵과 함께 믹서에 넣어 곱게 간다.

시간이 없을 때 후딱!
밥풀

재료   물 … 2컵
　　　　 흰밥(찬밥) … 1컵

1. 믹서에 흰밥과 물을 넣고 최대한 곱게 간다.

- 풀을 쑬 때 맹물 대신 멸치 국물이나 다시마 국물을 사용하면 김치에 감칠맛을 더할 수 있다.
- 김치 양념할 때 풀은 반드시 열기가 없게 식힌 뒤 넣는다.
- 풀이 남으면 버리지 말고 한 번 사용할 분량씩 나눠 냉동실에 얼렸다가 김치를 할 때 녹여서 사용하면 된다.

한끗 쉬운 만능 양념

한끗 김치 양념

겉절이나 배추김치, 총각김치, 갓김치, 열무김치, 부추김치 등에 두루 사용할 수 있다. 이 양념으로 무 김치를 담그면 양념 중 물엿의 삼투압 작용으로 인해 무에서 물이 많이 빠져 양념이 씻기고 맛이 없다. 그러니 이 한끗 김치 양념은 깍두기 등 무가 주재료인 김치를 담글 때는 사용하지 않는다.

총량 12~13컵
보관 김치냉장고나 냉동실에서 2~3달

재료
- 멸치액젓 … 1kg
- 흰 물엿 … 1kg
- 고춧가루 … 800g
- 고운 고춧가루 … 500g
- 간 양파 … 500g
- 참치액젓 … 500g
- 다진 마늘 … 300g
- 흰설탕 … 200g
- 다진 생강 … 150g
- 고운 소금 … 60g
- 매실청 … 50g

1 위의 재료를 모두 큰 그릇에 담아 골고루 잘 섞는다.

 이렇게 활용하세요.

- 재료 1kg당 한끗 김치 양념 2½컵 비율로 사용한다. 입맛에 따라 양념을 가감한다.
- 겉절이나 2~3주 안에 먹을 김치에 주로 사용하고 무가 주재료인 김치나 오래 보관해 두고 먹을 김치에는 사용하지 않는다.

한끗 새콤달콤 무침 양념

삼겹살이나 쇠고기 구이 등 고기 요리를 먹을 때 느끼함은 덜고 입맛은 깔끔하게 되살려준다. 상추, 파, 참나물, 봄동, 부추 등 기호에 맞게 준비한 재료에 이 새콤달콤 무침 양념만 있으면 고기 상차림의 품격이 달라질 것이다.

총량 10컵
보관 김치냉장고에서 1달

재료
- 오이 … 2½개
- 양파 … 2½개
- 사과 … 2½개
- 고춧가루 … 175g
- 흰 물엿 … 175g
- 간장 … 350g
- 사이다 … 90g
- 식초 … 90g
- 설탕 … 100g
- 빙초산 … 2큰술
- 다진 마늘 … 1큰술
- 다진 생강 … ½큰술
- 식용유 … 1큰술

1 오이는 양 끝을 자르고, 양파는 껍질을 벗긴다. 사과는 껍질을 벗기고 씨를 제거한다. 손질한 재료는 모두 듬성듬성 썰어 믹서에 곱게 갈아 큰 그릇에 담는다.

2 ①의 그릇에 나머지 재료를 모두 넣어 골고루 섞은 뒤 고춧가루 풋내가 나지 않게 실온에서 하루 정도 숙성 후 냉장고에 보관한다.

 이렇게 활용하세요.

- 채소 100g에 양념 3큰술을 넣어 무치는데, 참기름과 통깨를 약간씩 넣으면 한결 맛있다.
- 파채 무침, 상추 무침, 부추 무침, 모둠 채소 무침 등 버무려서 바로 먹을 채소 겉절이 양념으로 사용한다.

01
배추김치

배추로 만드는 김치는 우리가 자주 만들어즐겨 먹습니다. 양념을 만들어 쓱쓱 버무려 먹는 겉절이부터 맛김치, 시원한 물김치, 아삭한 포기김치 등이 있죠. 그중 포기김치는 다른 김치에 비해 과정이 어렵고 복잡한 편이죠. 포기김치를 담글 줄 알게 되면 다른 김치 만들기는 일도 아닙니다.

올 김장철에는 몇 포기라도 직접 담가볼 수 있게 배추 절이기부터 소 만들기, 속 넣기까지 세세하게 알려드릴게요.

배추김치는 일년 내내 수시로 담가 먹지만 어떤 채소와 과일이든 제철이 있듯 배추는 가을이 제철이라 그때 단맛이 가장 깊이 들어요. 그래서 배추김치는 가을 배추로 담근 것이 가장 맛이 좋습니다.

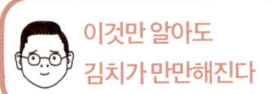
이것만 알아도
김치가 만만해진다

실패 없는 배추김치 비법

💬 통배추는 묵직하고 줄기가 두껍지 않은 게 좋아요

통배추는 너무 크지 않은, 중간 크기가 좋고, 들었을 때 힘이 들어갈 만큼 무거운 것보다는 묵직한 느낌을 주는 게 좋아요. 줄기가 두꺼운 것은 싱겁고, 눌렀을 때 딱딱한 느낌이 나는 것은 숨 쉴 틈 없이 결구 돼 있어 맛이 없지요. 겉잎을 한 장 떼서 줄기의 두께를 확인하세요. 줄기가 두껍지 않고 겉잎이 싱싱하며 속이 노란 배추가 고소하고 맛있습니다. 거뭇거뭇한 점이 있는 것은 피하세요. 속이 병들었을 확률이 높아요.

💬 통배추와 알배추, 뭐가 다르지?

생김새가 같아서 알배추를 통배추의 겉잎을 떼어낸 속배추라고 생각하기 쉽지만 알배추와 통배추는 종자가 다릅니다. 가을에는 알배추 대신 겉잎을 떼어낸 속배추를 팔기도 하므로 헷갈릴 수 있어요.
알배추는 통배추에 비해 통과 크기가 작고 줄기가 얇습니다. 알배추는 대부분 하우스 재배라 통배추보다 달고 고소한 맛이 덜해요. 하지만 알배추도 가을에는 통배추처럼 달고 맛있어지니 김치를 담그기 좋아요.

💬 배추의 상태에 따라 절이는 방법을 달리하세요

배추는 결구 상태에 따라 절이는 방법이 달라져요. 절이는 시간도 배추의 수분 함량, 줄기의 두께, 결구 상태 및 날씨와 기온에 따라서도 달라집니다.

일반 배추, 결구가 촘촘하고 단단한 배추

소금물에 적신 뒤 배춧잎 사이사이에 소금을 뿌려서 절입니다. 일반 배추는 2포기 기준으로 물 10컵에 소금 ½컵으로 소금물을 만들어 반으로 쪼갠 배추의 절단면 위에 뿌립니다. 결구가 촘촘하고 단단한 배추는 소금의 양을 1컵으로 늘리세요. 이후 소금을 작게 한 줌 쥐고 줄기 쪽을 중점적으로 배춧잎 사이사이에 소금을 칩니다. 줄기가 두꺼운 배추는 소금 양을 늘리세요.

결구가 성근 배추

소금을 뿌리지 않고 소금물로만 절입니다. 배추 2포기 기준으로 물 10컵에 소금 2컵을 섞어 소금물을 만들고 반으로 쪼갠 배추를 한 쪽씩 소금물에 완전히 담갔다가 절단면 위에 소금물을 뿌려서 절입니다. 줄기가 얇으면 물을 4컵 정도 늘리고, 줄기가 두꺼우면 물을 8컵으로 줄이세요.

💬 봄에는 봄동, 여름에는 양배추, 가을에는 통배추!

봄동 김장김치의 신맛에 물렸을 즈음 고소한 맛이 일품인 봄동김치가 입맛을 상큼하게 바꿔주죠. 2월부터 나오기 시작해서 4월 초가 되면 자취를 감추는 봄동은 잠시만 맛볼 수 있는 귀한 배추입니다. 봄동은 익혀 먹는 김치보다 무쳐서 바로 먹는 겉절이가 더 맛있습니다.

양배추 봄부터 맛이 들기 시작해서 6월에 가장 맛이 좋아집니다. 네모나게 썰어 양념에 버무리면 되니 담그기도 쉽죠. 맛이 들 정도로 익혀 먹어도 좋고, 겉절이나 물김치를 담가도 그만입니다.

통배추 제철인 가을이 가장 고소하고 맛이 좋을 때입니다. 이때는 포기김치 외에 막김치나 겉절이를 해도 맛이 좋고, 물김치나 동치미를 담가도 좋죠. 하지만 여름에는 고소하고 아삭한 맛도 덜하고 싱거우니 이때는 양배추로 김치를 담그세요.

통배추는 여름에는 싱겁고 가을이 돼야 고소해요

다른 계절에 비해 가을 배추가 맛있는 이유는 기온 차이 때문입니다. 일교차가 커야 배추가 맛있게 자라거든요. 강원도의 고랭지 배추가 맛있는 이유도 이 때문이죠. 지역마다 차이가 있겠지만 가을 배추는 보통 여름에 심어서 가을에 수확을 하는데 낮에는 뜨거운 태양을 쐬고 밤이 되면 찬 기운을 맞고 자랍니다. 여름 배추는 봄에 심어 여름에 수확하는데, 일교차가 크지 않아 배추에 맛이 잘 들지 않아요. 그래서 가을 배추는 고소하고 맛이 좋은 반면 여름 배추는 싱겁고 맛이 없어요.

포기 김치를 담글 때, 대야와 채반은 꼭 준비하세요

필요한 큼직한 대야와 절인 배추의 물기를 뺄 넓은 채반은 필수입니다. 대야는 배추가 충분히 들어갈 수 있는 크기로 준비하고, 채반도 절임 배추가 나란히 들어갈 수 있는 크기로 준비하세요. 김칫소를 만들 때에는 배추를 절였던 대야의 물기를 털어내고 그대로 사용하면 됩니다. 양념할 준비가 됐다면 김칫소를 한 켠으로 밀어 두고 소가 담긴 대야에 절인 배추를 놓고 소를 채우세요.

절임 배추를 구입했을 때는 그대로 물기만 빼세요

시판 절임 배추는 대부분 소금물에 넣고 꾹 눌러서 절이는 방식인데, 이런 누름 방식의 절임 배추는 물에 헹구면 금방 살아납니다. 그러니 헹구지 말고 물기만 쪽 뺀 상태로 김치를 담가야 하죠. 행여 위생 상태가 걱정된다고 절임 배추를 물에 헹궈 김치를 담그면 김치가 숙성되면서 물이 많이 생기고 무르는 경우도 있습니다. 구입한 절임 배추를 부득이하게 헹궈야 할 때는 절임 배추와 농도가 맞는, 먹어봤을 때 간간하다 싶은 정도의 소금물에 한 번만 가볍게 헹구고 배추의 물기를 최대한 뺀 다음 김치를 담그는 게 좋습니다. 배추의 물기를 뺄 때는 밑둥을 이파리 부분보다 높게 두어야 물기가 잘 빠져요.

보관할 때는 공기와의 접촉을 최대한 줄이세요

김치는 보관을 잘못해서 망치는 경우도 종종 있어요. 김치를 통에 담은 뒤에는 꼭꼭 눌러 공기를 빼고 공기의 접촉을 최대한 피할 수 있게 우거지로 덮으세요. 포기김치의 경우 한쪽을 꺼낸 뒤에는 김치를 다시 꼭꼭 누른 후 우거지로 다시 덮어둡니다. 만약 김치를 꺼낸 뒤 그대로 방치하면 김치가 무르고 곰팡이도 생길 수 있습니다.

포기 김치를 담그려면 하루 정도 시간이 필요해요

예전에는 최소 15포기 이상 김장을 했으니 배추를 다듬고 절이는 것만 해도 하루가 걸렸어요. 그래서 김장을 하려면 꼬박 이틀은 필요했죠. 하지만 요즘은 절임 배추를 구할 수 있기 때문에 한나절만에 김치를 담글 수 있습니다.
직접 배추를 절여 김치를 담그는 게 처음이라면 2포기 정도 해보세요. 시간은 하루 정도 걸린다고 생각하고 준비하면 됩니다. 배추를 절이는데 적어도 한나절은 걸리죠. 오전에 배추를 손질해 절이고, 배추가 절여지는 동안 부재료를 준비합니다. 배추가 다 절여지면 헹궈서 물기를 빼야 해요.
물기가 있는 채로 김치를 담그면 숙성되면서 양념이 씻겨 김치가 싱거워지고 자칫 무를 수도 있거든요. 배추의 물기를 빼는 동안 양념을 만들어 두고 배추의 물기가 다 빠진 후에 소를 넣으세요. 이렇게 포기 김치를 담그려면 아마도 하루는 꼬박 걸릴 겁니다.

통배추 절이기

1 배추는 밑동을 자른다.

2 지저분하고 상처가 있거나 시든 좋지 않은 겉잎은 떼서 버린다.

3 밑동에서부터 ⅓ 정도까지 칼집을 넣는다.

4 칼집 낸 곳을 중심으로 손으로 벌려 반으로 쪼갠다.

통배추 절이기

재료 통배추 … 2포기
천일염 … 4컵
물(약간 따뜻한 물) … 2ℓ

5 밑둥에서부터 ⅓ 지점까지 다시 한 번 칼집을 넣는다.

6 배추를 절일 큰 대야에 분량의 물을 붓고 천일염 ½컵을 넣어 손으로 잘 휘저어가며 푼다.

7 ⑥의 소금물에 배추를 적시는데, 배추 속이 위를 향하게 두고 손으로 소금물을 끼얹어가며 속부터 겉까지 충분히 적신다.

8 나머지 천일염을 한 줌씩 4등분한다. 배추 1쪽당 소금을 한 줌씩 쥐고 배춧잎 사이사이에 뿌리는데, 두꺼운 줄기 쪽을 중점적으로 겉잎부터 뿌린다.

9 배추 속이 위를 향하게 두고 배추가 잘 절여지도록 위에 무거운 것을 올려 둔다.

10 3~4시간에 한 번씩 위의 배추와 아래 배추의 위치를 바꿔가며 대략 12시간 정도 절인다.

11 배추의 줄기를 구부려봐서 부드럽게 휘어질 정도로 절인다.

12 절인 배추는 흐르는 물에 두세 번 정도 헹궈 소금기를 뺀다.

통배추 절이기

14 배추는 밑동을 들었을 때 물이 떨어지지 않을 정도로 한나절 이상 물기를 뺀다.

※ 김장 배추는 최소 12시간 이상 물기를 뺀다.

13 넓은 체 아래에 큰 그릇을 받치고 배추를 체에 얹어 물기를 뺀다. 배추의 절단면이 밑을 향하게 두고 밑동이 이파리 쪽보다 올라오게 기울여 둔다.

 임성근의 한끗!

- 배추를 절일 때는 찬물보다 약간 따뜻한 물을 사용하면 골고루 잘 절여져요.
- 배추를 절일 때는 위에 무거운 것을 올려 두어야 골고루 절여집니다. 돌이 없을 때는 큰 냄비에 물을 채우거나 두꺼운 비닐봉지에 물을 채워 꽉 묶어 올립니다.
- 계절이나 실내 온도, 배추의 상태(두께, 크기 등), 소금의 염도 등에 따라 배추가 절여지는 시간이 다르니 시간에 연연하지 말고 줄기가 부드럽게 휘어질 정도로 절이세요.
- 절인 배추에 물기가 남아 있으면 김치가 빨리 무르거나 맛이 변하므로 물기를 잘 빼야 해요. 물기를 다 뺐음에도 남아 있는 물기는 손으로 쥐고 가볍게 눌러 짜세요.
- 배추를 절일 때 많이 지저분하지 않은 겉잎은 김치를 덮을 우거지로 사용하면 좋으니 떼지 말고 함께 절였다가 양념에 버무리기 전에 떼서 우거지로 활용하세요.

배추김치 39

| 🛒 1~12월 | ⏰ 2시간(배추 절이는 시간 제외) | 📦 2개월 |

조금씩 담그는 포기 김치

재료
절인 배추 … 4쪽(배추 2포기 분량)
무 … ½개
청갓(또는 홍갓) … 4포기
쪽파 … 20줄기

양념
고춧가루 … 3컵
멸치액젓 … 2컵
찹쌀풀(p.28) … 1컵
새우젓 … ½컵
소주 … ½컵
다진 마늘 … 5큰술
설탕 … 4큰술
다진 생강 … 2큰술
고운 소금 … 2큰술

※ 배추 절이는 방법은 36쪽 참조.

1 절인 배추는 체에 얹어 물기를 빼고, 질긴 겉잎 1~2장을 뗀다. 떼어 낸 겉잎은 김치 위에 덮을 우거지로 따로 둔다.

※ 절인 배추의 물기 빼는 방법은 39쪽을 참조하세요.

2 무는 흙이 없게 깨끗이 씻고 길이를 반으로 자른 뒤 사진처럼 놓고 약 0.2cm 두께로 얇게 썬다.

※ 무는 둥근 모양대로 썰지 말고 사진처럼 결대로 썰어야 아삭하고 배추가 무르는 것을 방지할 수 있어요.

배추김치 41

3 ②의 무를 90° 방향으로 돌려서 껍질이 앞뒤로 오게 둔 다음 흐트러지지 않게 사진처럼 펼쳐서 가늘게 채 썬다.

※ 무채를 썰 때도 껍질 부분이 앞뒤로 오게 두고 결대로(길이로) 썰어야 김치가 무르지 않아요.

4 갓은 흙이 없도록 깨끗하게 씻어서 4~5㎝ 길이로 썬다.

5 쪽파는 깨끗이 손질해서 잔뿌리를 자르고 흰 부분이 굵은 것은 반 가른다.

포기 김치

6 ⑤의 쪽파는 초록 잎까지 4~5㎝ 길이로 썬다.

7 김칫소를 버무릴 큼직한 그릇에 무채와 갓, 쪽파를 담고 새우젓을 제외한 양념 재료를 모두 넣은 뒤 새우젓은 손으로 으깨 넣는다.

8 ⑦을 골고루 버무려 김칫소를 완성한다. 간을 보고 부족하면 고운 소금(천일염)으로 맞춘다.

9 배추 밑동의 칼집을 넣은 곳을 중심으로 손으로 잡고 반 가른다.

10 배추의 절단면이 위를 향하게 두고 겉잎부터 김칫소를 차곡차곡 넣는다. 밑둥에 가까운 줄기 쪽에는 소를 꼼꼼히 넣고 이파리에는 양념이 묻을 정도로만 넣는다.

11 소를 다 넣은 뒤 겉잎 1장을 남겨두고 배추를 반으로 접는다.

12 남겨 둔 겉잎 1장으로 배추를 돌려 감싼다. 겉잎의 크기가 작으면 양쪽에서 1장씩 엇갈리게 감싼다.

13 배추의 절단면이 위를 향하게 통에 담고 꼭꼭 누른 뒤 공기가 닿지 않게 ①에서 남겨 둔 우거지를 잘 펼쳐서 위에 덮는다.

포기 김치

13-1 김장김치처럼 오래 보관해 두고 먹을 김치는 우거지 위에 천일염(윗소금)을 적당량 뿌린다.

14 계절에 따라 여름에는 1~2일, 겨울에는 2~3일 정도 숙성시킨 뒤 냉장고에 넣어 보관한다. 김치냉장고에서 보관만 잘 하면 3개월 이상 두고 먹을 수 있다.

✔ 김장김치는 이렇게 담그세요!

- 김장김치를 담글 때는 배추 2포기당 부재료와 양념을 2배로 늘리면 됩니다. 예를 들어, 배추 4포기를 준비했다면 부재료와 양념을 2배, 6포기를 준비했다면 3배로 늘리세요.

- 오랫동안 저장해두고 먹을 김치일수록 우거지 위에 윗소금을 넉넉하게 뿌리는데, 익혀서 바로 먹을 김치라면 윗소금을 뿌리지 않아도 됩니다. 묵은지로 만들 거라면 반드시 윗소금을 뿌려야겠죠.

 임성근의 한끗!

- 김칫소 양념 마지막 단계에서 소금으로 간을 맞춥니다. 절인 배추가 싱거우면 소금을 좀 더 넣어 양념을 짭짤하게 하고, 절인 배추가 짜면 소금을 덜 넣거나 넣지 않아도 됩니다.
- 양념에 소주를 넣으면 방부 역할을 해서 김치가 쉽게 무르지 않으므로 오래 저장해두고 먹는 김치에는 소주를 넣으면 좋아요. 또한 젓갈의 비린내도 줄일 수 있습니다.
- 김장김치를 담글 때는 재료 준비하는 데 시간이 오래 걸리기도 합니다. 무채는 썰어서 오래 두면 공기에 노출되는 시간이 길어져 쓴맛이 날 수 있어요. 썰어서 오래 둬야할 때는 양념 재료 중 고춧가루를 먼저 무채에 넣고 버무려 고추 물을 들이세요. 이렇게 하면 무채가 코팅돼 공기와의 접촉을 차단할 수 있어요.

1~12월　2시간　2주일

뚝딱 완성하는 맛김치

재료
알배추 … 2통
무 … ¼개(약 300g)
쪽파 … 5줄기

소금물
물 … 1컵
천일염 … 3큰술

양념
고춧가루 … 6큰술
찹쌀풀(p.28) … 3큰술
다진 마늘 … 3큰술
설탕 … 2큰술
멸치액젓 … 1큰술
다진 생강 … 1큰술
새우젓 … ½큰술

1. 알배추는 한 잎씩 떼서 넓은 잎은 길이로 반 갈라 3㎝ 길이로 썰고, 작은 잎은 그대로 3㎝ 길이로 썬다.
2. 무는 0.3㎝ 두께, 사방 3㎝ 크기로 나박 썰고,(a) 쪽파는 흰 부분이 굵은 것은 반으로 가르고(b) 3~4㎝ 길이로 썬다.
3. 분량의 소금물에 손질한 배추와 무를 섞어 넣고 30분 정도 절인다.
4. 무와 배추가 휘어질 정도로 부드럽게 절여지면 물에 한두 번 헹구고 체에 밭쳐 물기를 뺀다.
5. 김치를 버무릴 큼직한 그릇에 양념을 모두 넣어 골고루 섞고 절인 배추와 무, 쪽파를 넣어 버무린 뒤 통에 담는다.
6. 실온에서 하루 정도 익힌 뒤 냉장고에 넣어 보관한다.

 임성근의 한끗!

- 겨울 내내 김장김치만 먹어 물렸을 때 입맛을 살릴 수 있는 김치입니다. 겉절이처럼 바로 먹을 게 아니라면 절인 배추와 무의 소금기가 양념에 배어 나오기 때문에 간을 조금 약하게 하는 게 좋아요.
- 맛김치는 담가서 바로 먹어도 맛있어요. 김치를 담근 뒤 한 번에 먹을 만큼 조금 덜어 미나리 몇 줄기 잘라 넣고 생굴도 적당히 넣어 버무리세요. 마지막에 소금으로 간을 하면 됩니다.

배추 백김치

고깃집에서 반찬으로 나오는 백김치처럼 소 없이 간단하고 쉽게 백김치를 담그려면 무와 당근, 쪽파, 홍고추는 빼고 양념 재료는 분량대로 섞어서 배춧잎 사이사이에 바른 뒤 배추 백김치 레시피대로 김치를 담그면 된다.

소 없는 배추 백김치

1~12월　　2시간(배추 절이는 시간 제외)　　2개월

아이도 먹을 수 있는 배추 백김치

재료
- 절인 배추 … 2쪽(배추 1포기 분량)
- 무 … 6㎝ 1토막
- 당근 … 6㎝ 1토막
- 쪽파 … 5줄기
- 홍고추 … 3개
- 배 … 1개
- 물 … 3컵
- 소주 … ½컵
- 고운 소금 … 1큰술

양념
- 찹쌀풀(p.28) … 4큰술
- 참치액젓 … 3큰술
- 새우젓 국물 … 3큰술
- 다진 마늘 … 3큰술
- 다진 생강 … 1큰술

※ 배추 절이는 방법은 36쪽 참조.

1. 절인 배추는 체에 올려 물기를 뺀다. 겉잎은 떼어서 따로 둔다.
2. 무와 당근은 6㎝ 길이로 가늘게 채 썰고, 쪽파는 6㎝ 길이로 썬다. 홍고추는 반 갈라 곱게 채 썬다. (a)
3. 배는 껍질을 벗기고 가운데 씨를 제거한 뒤 강판이나 믹서에 곱게 갈고 면포에 싸서 즙만 짠다.
4. 양념 재료를 모두 섞은 뒤 ②를 넣고 골고루 섞어 김칫소를 만든다.
5. 절인 배추의 물기가 빠지면 칼집을 넣은 밑둥을 잡고 손으로 벌려 반 가른다.
6. 배추 속이 위를 향하게 두고 겉잎부터 ④의 김칫소를 조금씩 넣은 (b) 뒤 겉잎으로 감싼 (c) 다음 통에 담는다. 김치 위에 ①의 겉잎을 덮는다.
7. 김칫소를 만들었던 그릇에 분량의 물과 소주를 붓고 배즙을 넣어 섞은 뒤 소금으로 간을 한다.
8. ⑥의 김치통에 ⑦의 국물을 붓는다.
9. 계절에 따라 1~2일 정도 숙성시킨 뒤 냉장고에 넣는다.

a

b

c

 임성근의 한끗!

- 배는 아주 달고 물이 많은 것을 사용하세요. 맛있는 배가 없을 때는 배즙 대신 설탕 2큰술 혹은 뉴슈가 1작은술을 넣으세요.
- 맵고 짜지 않은 김치는 쉽게 변하므로 한 쪽 꺼낸 뒤 우거지를 꼭 덮어두어야 오래 보관할 수 있어요.
- 백김치는 시원하고 개운한 맛이 일품이죠. 맵거나 자극적이지 않아 아이들도 먹을 수 있어요. 어린 아이가 있는 가정이라면 백김치가 든든한 반찬이 되어 줄 겁니다.

50 김치

1~12월 | 2시간(배추 절이는 시간 제외) | 5개월

쨍한 맛 배추 무 동치미

재료
절인 배추 … 1쪽(배추 ½포기 분량)
무 … 1개
청갓 … 8줄기
고추지(p.196) … 10개
청양고추 … 10개

소금물
물 … 5컵
소주 … 1컵
천일염 … ½컵

양념 1
배 … 1개
다진 마늘 … 6큰술
다진 생강 … 2큰술

양념 2
물 … 3ℓ
밀가루풀(p.29) … 3큰술
고운 소금 … 3큰술
설탕 … 2큰술
멸치액젓 … 1큰술

※ 배추 절이는 방법은 36쪽 참조.
※ 고추지 만드는 방법은 196쪽 참조. 고추지는 구입해서 사용해도 된다.

1. 무는 1cm 두께, 4cm 길이의 막대 모양으로 썰어(a) 분량의 소금물에 30분 정도 절인다.
2. 무가 부드럽게 절여지면 씻지 말고 그대로 체에 밭쳐 물기를 뺀다. 절인 배추도 반 갈라 체에 올려 물기를 뺀다.
3. 청갓은 누런 잎을 잘라내고 흙이 없도록 깨끗이 씻고, 청양고추는 깨끗이 씻어서 3~4군데 어슷하게 칼집을 넣는다.(b)
4. 배는 껍질과 씨를 제거하여 듬성듬성 썰고 믹서나 강판에 간 다음 다진 마늘, 다진 생강과 함께 면포에 넣어(c) [양념 1]을 만든다.
5. 그릇에 소금을 제외한 [양념 2]의 재료를 넣어 섞고 면포에 담긴 ④의 [양념 1]을 넣어 손으로 가볍게 주물러가며 맛을 우린 뒤 소금으로 간을 맞춘다.
6. 김치통에 절인 배추와 절인 무, 청갓, 고추지, 청양고추를 넣은 뒤 ⑤의 국물을 붓는다.
7. 실온에 하루 정도 두었다가 간을 보고 싱거우면 소금으로 간을 맞춘 뒤 하루 정도 더 실온에 두어 국물이 익으면 냉장고에 넣는다.

 임성근의 한끗!

- 무를 절일 때 소주를 넣으면 무르지 않고 군내가 안 나요.
- 김치통 속 재료가 위로 뜨지 않게 무거운 돌을 올려두면 좋습니다. 돌이 없을 때는 우거지를 위에 덮으세요.
- 고추지는 재래시장에서 구입해도 되고, 고추지가 없다면 넣지 않아도 됩니다.

a

b

c

1~12월　1시간 30분　2일

밥도둑 배추 겉절이

재료
알배추 … 1통
쪽파 … 100g
홍고추 … 2개
천일염 … ½컵
물 … 3컵

양념
고춧가루 … 1컵
따뜻한 물 … 1컵
참치액젓(또는 멸치액젓) … ½컵
다진 마늘 … 3큰술
찹쌀풀(p.28) … 2큰술
설탕 … 2큰술
다진 생강 … 1큰술

1. 알배추는 잎 끄트머리 부분을 ¼ 정도 썰어내고(a) 한 잎씩 떼서 길쭉하게 어슷 썰어(b) 절일 그릇에 담는다.
2. ①의 배추에 천일염을 골고루 뿌리고 분량의 물을 흩뿌린 뒤 가볍게 뒤섞어 절인다. 30분마다 위아래를 뒤집어가며 1시간 30분 정도 절인다.
3. 절인 배추는 물에 한 번 헹구고 체에 밭쳐 물기를 뺀다. 중간에 위아래를 한 번 뒤집는다.
4. 홍고추는 꼭지를 떼고 반 갈라 씨를 뺀 뒤 가늘게 어슷 썬다.
5. 쪽파는 깨끗이 손질해서 흰 부분이 굵은 것만 반 가르고(c) 3cm 길이로 썬다.
6. 따뜻한 물에 참치액젓을 붓고 고춧가루를 섞어 고춧가루를 불린다.
7. ⑥에 다진 마늘과 다진 생강, 설탕을 넣어 골고루 섞는다.
8. 절인 배추의 물이 빠지면 찹쌀풀을 넣어 가볍게 섞고 ⑦의 양념을 넣어 버무린 뒤 홍고추와 쪽파를 넣고 가볍게 섞는다.

a

b

c

 임성근의 한끗!

- 배추 겉절이는 줄기만 사용해야 식감이 일정해서 맛이 더 좋습니다. 잘라낸 잎은 따로 두었다가 된장국을 끓이거나 살짝 데쳐 된장, 고추장, 다진 마늘, 다진 파, 참기름을 넣고 조물조물 무쳐 반찬으로 만드세요. 양이 적을 때는 샐러드에 활용해도 좋습니다.
- 겉절이처럼 버무려서 바로 먹는 김치는 고춧가루를 불려서 만드세요. 고춧가루는 찬물보다 따뜻한 물을 사용해야 금방 불릴 수 있습니다. 고춧가루를 불리면 색이 한결 곱고 풋내가 나지 않아요.
- 찹쌀풀을 양념에 섞지 않고 배추에 먼저 버무리면 양념이 겉돌지 않아요. 보관하는 김치가 아닌 버무려서 바로 먹는 겉절이는 배추에 양념이 잘 묻어야 하니 배추에 찹쌀풀을 먼저 넣어 버무리세요.

02
무김치

무로 만드는 김치는 아삭아삭한 식감과 시원한 맛이 정말 좋죠. 배추김치에서는 맛볼 수 없는 매력이에요.

알타리무는 봄과 가을 두 번의 제철을 맞지만 무는 가을이 제철이라 이때 수확한 무에는 단맛이 꽉 들어차 있어 배만큼 달고 수분도 많아요. 그냥 먹어도 아주 맛이 좋아요. 가을 무로는 깍두기, 생채, 물김치, 동치미 등 어떤 김치를 담가도 맛있어요. 겨울이 지나 봄에 무 김치를 담글 때는 달고 아삭한 식감이 좋은 제주도산 월동 무를 고르세요.

무의 크기는 매우 다양하죠. 이 책의 레시피는 1개에 1.2~1.5kg의 무를 기준으로 했습니다.

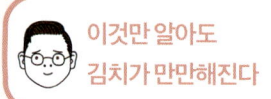
이것만 알아도 김치가 만만해진다

실패 없는 무김치 비법

매끈한 건 총각무, 끝부분이 볼록한 건 알타리무예요

총각무와 달랑무, 알타리무는 생김새가 비슷해서 같은 것이라 생각할 수 있지만 달랑무는 총각무와 같은 건데 달리 부르는 것이고, 총각무와 알타리무는 종자가 달라요. 매끈하고 길쭉하게 생긴 게 총각무이고, 끝 부분이 볼록하고 동그란 게 알타리무에요. 알타리무가 총각무에 비해 단단하고, 총각무는 알타리무에 비해 단맛과 알싸하게 매운 맛이 있습니다.

무는 잔뿌리가 없고 매끈하며 초록 부분이 많은 것을 고르세요

무는 만져보았을 때 잔뿌리가 없고 매끈하며, 묵직하고 단단한 것이 좋아요. 잔뿌리가 많은 것은 영양분이 잔뿌리 쪽으로 빠졌기 때문에 맛이 덜해요. 초록 부분이 많고 색이 짙은 것일수록 햇빛을 많이 보고 자라 맛과 영양이 좋아요.

동치미에 칼칼한 맛을 내고 싶다면 고추씨로 국물을 내세요

동치미는 시원한 국물 맛으로 먹죠. 고추씨를 우려 동치미 국물을 만들면 한결 시원하고 칼칼한 맛이 납니다. 고추씨를 물에 헹궈 붉은 물을 뺀 뒤 끓는 물에 넣고 12~15분 정도 뭉근히 끓인 다음 식혀서 동치미 국물로 사용하면 됩니다.

동치미를 담글 때 고추지를 넣으면 국물의 풍미가 좋아져요

청양고추를 소금에 절여 만드는 고추지는 그만의 풍미를 가지고 있어요. 이 풍미가 동치미 국물에 우러나면 한결 맛이 좋아져요. 절이지 않은 청양고추는 생 고추 특유의 풋내가 있어 동치미에 오래 두면 국물에 풋내가 우러나죠. 하지만 고추지는 삭혔기 때문에 풋내가 사라진 상태라 오래 두고 먹어도 괜찮아요.

동치미무는 총각무가 크게 자란 것이죠. 손바닥만한 크기를 고르세요

동치미는 동치미용 무로 담가야 맛이 더 좋습니다. 일반 무보다 크기는 작고 더 아삭아삭하기 때문이죠. '동치미무'라고 부르기도 하는데, 동치미용 무는 총각무가 크게 자란 것입니다. 동치미무는 11월부터 12월까지 나오는데, 크기가 손바닥만 것이 적당합니다. 모양이 매끈하고 단단하며 줄기 쪽의 푸른 색이 적은 것을 골라야 동치미 맛이 좋습니다.

봄에는 제주 월동 무를 구입해야 맛있어요

제주를 제외한 지역에서는 겨울에 땅이 얼기 때문에 가을에 무를 모두 수확하지만 제주도는 겨울에도 땅이 얼지 않아 수확하지 않고 그대로 둡니다. 그래서 봄에는 땅에서 바로 수확한 제주 월동 무가 달고 맛있으며 아삭한 식감도 좋습니다.

무김치의 기본 깍두기

재료
- 무(1.2~1.5kg) … 2개
- 대파 … 2대
- 소주 … 1컵
- 천일염 … 5큰술

양념
- 배 … 1개
- 고춧가루 … 8큰술
- 찹쌀풀(p.28) … 7큰술
- 다진 마늘 … 5큰술
- 까나리액젓 … 3큰술
- 설탕 … 3큰술
- 새우젓 … 2큰술
- 다진 생강 … 1큰술

1 무는 껍질째 깨끗이 씻고 3㎝ 두께의 둥근 모양으로 썬다.

2 ①의 무를 각각 사방 3㎝ 크기의 바둑판 모양으로 써는데, 먼저 크기에 따라 길게 3~4등분 한다.

3 사진처럼 양쪽 무의 길이에 맞춰 가운데 두 쪽을 안쪽으로 밀어 넣어 크기를 비슷하게 맞춰 썬다.

4 무를 큰 그릇에 담아 소주를 붓고 천일염을 고루 뿌린다.

5 골고루 뒤섞은 다음 1시간 정도 절인다.

6 무가 절여지면 물에 헹구지 말고 그대로 체에 밭쳐 물기를 뺀다.

7 대파는 흰 부분만 길게 반 가른다.

깍두기

8 흰 부분과 초록 잎까지 모두 4㎝ 길이로 썬다.

9 배는 껍질과 씨를 제거한 뒤 듬성듬성 썰어 믹서나 강판에 곱게 간다.

10 고춧가루와 설탕을 제외한 양념 재료를 그릇에 넣어 섞는다.

11 절인 무의 물기가 빠지면 큼직한 그릇에 옮겨 담고 고춧가루를 넣는다. 치대듯이 박박 문질러가며 무에 빨갛게 고춧가루 물을 들인다.

12 무에 골고루 물이 들면 ⑩의 양념을 넣어 버무린다.

13 뭉친 양념 없이 골고루 버무려지면 설탕을 넣어 설탕이 섞일 정도로만 살살 버무린다.

14 마지막에 대파를 넣고 다시 한 번 가볍게 버무려 통에 담는다.

15 2일 정도 실온에서 숙성시킨 뒤 냉장고에 넣는다.

> ✓ **여름에는 이렇게 담그세요!**
>
> 여름은 무가 가장 맛이 없을 때죠. 단맛이 적고 쓴맛이 나는 여름 무를 절일 때에는 소금과 함께 감미료를 넣으면 좋습니다. 설탕을 많이 넣으면 점성이 생기므로 설탕 대신 단맛이 강한 뉴슈가를 약간 넣는 게 좋아요. 기본 깍두기 레시피를 기준으로 여름철 무를 절일 때는 소금과 함께 뉴슈가 2큰술을 넣으세요. 절인 무는 헹구지 말고 물만 빼서 양념하면 됩니다.

깍두기

 임성근의 한끗!

- 무는 깨끗이 씻어 껍질째 담가야 아삭하게 씹는 맛이 훨씬 좋아요. 단, 갈라졌거나 패인 상처가 있다면 껍질을 벗기세요.
- 무를 절일 때 소주를 넣으면 무가 무르지 않아 아삭함을 살릴 수 있습니다.
- 양념에 고춧가루를 함께 넣어 버무리면 무에서 수분이 빠지면서 고춧가루가 씻깁니다. 그러니 양념하기 전에 고춧가루를 먼저 넣고 버무려야 곱게 물이 들고 양념도 잘 묻어요. 또한 이렇게 고춧가루로 코팅을 하면 무의 쓴맛이 나오지 않습니다.
- 깍두기는 다른 김치에 비해 고춧가루를 조금 더 넣으세요. 처음에는 고춧가루가 많은 듯해도 김치가 숙성되면서 무에서 수분이 나와 양념이 씻겨 옅어지기 때문입니다.
- 양념할 때 설탕을 함께 넣어 버무리면 점성이 생겨 국물에 끈이 달리니 설탕은 마지막에 넣고 섞일 정도로만 살살 버무리세요. 대파도 마찬가지이니 양념을 다 한 뒤 마지막에 넣으세요.

무김치 61

10월~4월　1시간　1개월

절이지 않아요 국물 깍두기

재료
무(1.2~1.5kg) … 1개
대파 … 1대

양념
고춧가루 … 6큰술
까나리액젓 … 2큰술
다진 마늘 … 2큰술
새우젓 … 1큰술
설탕 … 1큰술
고운 소금 … 1큰술
다진 생강 … ½큰술
요구르트(65㎖) … 1병
소주 … ½컵

1. 무는 껍질째 깨끗하게 씻은 뒤 사방 3~4㎝크기로 깍둑 썰고, 대파는 2㎝ 길이로 썬다.
2. 큼직한 그릇에 설탕을 제외한 양념 재료를 모두 넣어 골고루 섞는다.
3. ②의 그릇에 무를 넣어 골고루 버무린다.
4. 양념이 뭉침 없이 잘 버무려지면 설탕을 넣어 가볍게 버무리고 마지막에 대파를 넣어 한 번 더 버무려 통에 담는다.
5. 2일 정도 실온에 두었다가 냉장고에 넣어 보관한다.

 임성근의 한끗!

- 가을과 겨울, 무가 한창 달고 맛있는 계절에는 깍두기를 절이지 말고 그대로 담가도 맛있어요. 절이면 아무래도 단맛이 빠지게 마련이죠. 절이지 않고 김치를 담그면 숙성되는 동안 무의 단맛, 즉 수분이 빠지면서 국물이 자작해지죠. 무의 단맛으로 국물은 시원하고 감칠맛이 좋아지니 국물도 함께 떠서 드세요.
- 절이지 않고 담그기 때문에 양념의 간은 짭짤하게 하세요.
- 양념에 요구르트를 넣으면 발효를 도와 김치의 숙성이 빨라집니다. 요구르트를 넣지 않을 때는 설탕을 1큰술 더 늘리세요.
- 이 국물 깍두기는 갈비탕이나 설렁탕 같은 탕요리와 함께 내면 잘 어울립니다.
- 7월과 8월 사이 여름에 나오는 무는 가을과 겨울 무에 비해 수분이 적고 단맛과 아삭함이 덜합니다. 이때 국물 깍두기를 만든다면 국물을 따로 냅니다. 배 1개, 비트 100g, 무 ¼개를 갈아서 면포에 넣고 즙을 짠 뒤 3컵 정도의 물에 면포를 담가 주물주물해서 다시 한 번 즙을 냅니다. 이 즙을 깍두기에 넣으면 단맛과 감칠맛, 시원한 맛이 훨씬 좋아집니다. 비트를 갈아 즙을 넣으면 맛과 함께 김치의 색도 한결 보기 좋아져요.

10~1월   2시간   1주일

가을에는 굴 깍두기

재료
무(1.2~1.5kg) … 1개
생굴 … 1컵
대파 … 1대
미나리 … 7줄기
소주 … ½컵
천일염 … 5큰술

양념
고춧가루 … 5큰술
찹쌀풀(p.28) … 3큰술
까나리액젓 … 3큰술
다진 마늘 … 3큰술
설탕 … 3큰술
새우젓 … 2큰술
다진 생강 … 1큰술

1. 무는 껍질째 깨끗하게 씻어 사방 3cm 크기로 깍둑 썰고 큰 그릇에 담는다.
2. ①의 무에 소주를 붓고 천일염 3큰술을 고루 뿌려 뒤섞은 다음 1시간 정도 절인다.
3. 무가 절여지면 물에 헹구지 말고 그대로 체에 받쳐 물기를 뺀다.
4. 생굴은 물에 가볍게 흔들어 씻고 천일염 1큰술을 골고루 뿌려 살살 섞는다. 1시간 정도 그대로 두어 절인 뒤 헹구지 말고 체에 받쳐 물기를 뺀다.
5. 대파는 3cm 길이로 썰고, 미나리는 잎을 떼고 줄기만 준비해서 3cm 길이로 썬다.
6. 절인 무의 물기가 빠지면 큼직한 그릇에 옮겨 담고 고춧가루를 넣어 골고루 버무린다.
7. 무에 고춧가루의 붉은 물이 골고루 들면 설탕을 제외한 양념 재료를 넣어 버무린다.
8. 뭉친 양념 없이 골고루 버무려지면 설탕을 넣어 가볍게 버무린 뒤 마지막에 굴과 미나리, 대파를 넣고 다시 한 번 가볍게 버무려 마무리한다.
9. 바로 냉장고에 넣고 먹는다.

임성근의 한끗!

- 굴의 단맛과 감칠맛이 가장 좋아지는 10월에 가을 햇 무와 함께 깍두기를 담그면 최고로 시원한 맛의 깍두기를 담글 수 있습니다.
- 굴 깍두기는 새콤하게 익으면 굴이 무르고 점성이 생겨 맛이 없으니 조금만 담가 겉절이처럼 빨리 먹는 게 좋아요. 오래 두고 먹을 깍두기에는 굴을 넣지 않는 게 좋습니다.
- 무는 절인 후 헹구면 빨리 무르고 단맛이 씻겨 맛이 덜하니 헹구지 마세요.

🛒 4~6월, 10~12월　⏱ 3시간　📦 3개월

아삭한입 총각김치

• 총각무는 매끈한데 비해 알타리무는 뿌리 끝이 볼록한 물음표 모양으로 생겼어요. 총각무가 더 단단하고 매운맛이 강합니다.

재료 총각무 … 1단

소금물 물 … 5컵
　　　소주 … 1컵
　　　천일염 … ½컵

양념 굵은 고춧가루 … 7큰술
　　　멸치액젓 … 5큰술
　　　찹쌀풀(p.28) … 3큰술
　　　새우젓 … 3큰술
　　　다진 마늘 … 3큰술
　　　설탕 … 2큰술
　　　다진 생강 … 1큰술

1. 총각무는 억센 줄기와 누런 잎을 떼고 뿌리와 줄기 사이의 지저분한 부분을 제거한 뒤(a) 무의 껍질을 칼로 긁어 제거한다. (b)
2. 무와 무청에 흙이 없도록 깨끗이 씻고 굵은 무는 반 가른다.
3. 총각무가 충분히 들어갈 만한 큼직한 그릇에 분량의 소금물 재료를 넣고 천일염을 녹인다.
4. ③의 소금물에 총각무를 절이는데, 우선 무만 담가 1시간 정도 절이고, 무청까지 담가 1시간 더 절인다.
5. 무가 부드럽게 휘어질 정도로 절여지면(c) 물에 두 번 정도 헹구고 체에 밭쳐 물기를 뺀다.
6. 김치를 버무릴 큼직한 그릇에 양념을 모두 넣어 골고루 섞는데, 새우젓은 손으로 으깨 넣는다.
7. 총각무의 물기가 빠지면 ⑥에 넣어 골고루 양념한 뒤 통에 담는다.
8. 1~2일 정도 실온에서 숙성시키고 냉장고에 넣어 보관한다.

※ 무는 소금의 염도나 수분 함량에 따라 절여지는 시간이 다를 수 있으니 사진처럼 휘어질 정도로 절이면 됩니다.

a

b

c

 임성근의 한끗!

● 무청은 금방 절여지고 무는 천천히 절여지니 소금물에 무부터 절인 다음 무청을 담가 절이세요.
● 소금을 뿌려 절이는 것보다 소금물에 담가 절여야 무청이 뻣뻣하지 않고 부드러워져요.
● 무를 절일 때 소주를 함께 넣으면 방부 역할을 함과 동시에 무가 더 아삭해지고, 다 먹을 때까지 무가 무르지 않아요.

깨끗한 맛 나박김치

재료
- 알배추 … 1통
- 무(1.2~1.3kg) … ½개
- 쪽파 … 7줄기
- 미나리·오이·배 … 적당량씩
- 미지근한 물 … 2ℓ

양념
- 마늘 … 6쪽
- 생강 … 1쪽
- 고운 소금 … 5큰술
- 설탕 … 4큰술
- 고춧가루 … 2큰술
- 다진 마늘 … 2큰술
- 다진 생강 … ½큰술

※ 미나리, 오이, 배는 입맛에 따라 양을 조절하세요.

1 알배추는 이파리 끝에서 약 5㎝ 정도 잘라낸다.
※ 73쪽 임성근의 한끗 확인하세요.

2 뿌리 쪽의 둥근 부분을 따라 칼집을 넣어 밑둥을 도려낸다.

3 도려낸 밑둥을 뺀다.

4 배추 밑둥이 위를 향하게 세우고 배춧잎을 낱낱이 꽃처럼 펼친 뒤 작은 속대는 빼서 따로 둔다.

5 배춧잎은 큰 잎과 작은 잎을 분리해서 큰 잎은 길이로 반 가른다.

6 반 가른 큰 잎은 3~4㎝ 길이로 썰고 작은 잎은 그대로 3~4㎝ 길이로 썰어 큰 잎과 크기를 맞춘다.

7 배추 속대는 길이를 반으로 자른다.

나박김치

8 무는 사방의 둥근 부분을 잘라내 네모나게 만든 뒤 3㎝ 두께로 썬다.

9 각각의 토막을 3㎝ 폭으로 썬다.

10 사진처럼 0.3㎝ 두께로 나박 썬다.

11 쪽파는 흰 부분이 굵은 것만 반으로 갈라 3~4㎝ 길이로 썬다.

12 미나리는 잎은 떼서 버리고 줄기만 3~4㎝ 길이로 썬다.

13 마늘과 생강은 곱게 채 썬다.

14 큼직한 그릇에 배추와 무를 담고 분량의 미지근한 물을 부은 뒤 고운 소금을 넣어 푼다.

15 고운 체에 고춧가루를 담고 ⑭의 물에 담가 촉촉하게 적신 뒤 숟가락으로 저어가며 고춧가루의 붉은 물을 빼고 맛을 우린다.

나박김치

16 체에 남은 고춧가루는 버리고 쪽파와 미나리, 채 썬 마늘과 생강을 넣어 섞고 마지막에 설탕을 넣는다.

17 2일 정도 실온에서 숙성시킨 뒤 냉장고에 넣고 먹기 직전에 오이와 배를 사진처럼 납작납작하게 썰어 넣는다. 미나리도 향을 더 즐기려면 먹기 직전에 넣는 게 좋다.

 임성근의 한끗!

- 알배추는 잎을 모두 넣으면 나박김치가 지저분해지고 식감도 떨어지니 이파리 끝은 사용하지 마세요. 남은 이파리는 국이나 반찬에 활용하면 됩니다.
- 일반 배추로 나박김치를 담글 때는 천일염에 살짝 절여서 담가야 식감이 부드럽습니다.
- 무와 배추를 절이지 않고 담그기 때문에 숙성되면서 무와 배추에서 수분이 나옵니다. 그래서 처음 간을 할 때 본인의 입맛보다 간간하게 맞춰야 합니다. 그래야 김치가 익었을 때 전체적으로 간이 맞아요. 김치를 담그고 한나절 뒤 다시 한 번 간을 맞추는 것도 좋아요.
- 고춧가루는 미지근한 물에서 붉은 물과 맛을 빼야 잘 우러나고 풋내도 나지 않아요.
- 마늘과 생강 씹히는 게 싫다면 다져서 고춧가루 물을 우릴 때 함께 체에 담아 맛과 향을 우려내세요.
- 미나리, 오이, 배는 처음부터 넣으면 색이 누렇게 변하고 향도 없어집니다. 아삭한 맛과 향을 즐기려면 숙성 후 먹을 때마다 썰어 넣는 게 더 좋아요. 매 번 썰어 넣는게 번거롭다면 넉넉히 썰어 나박김치에 넣고 2일 안에 드세요.

🛒 1~12월   🕐 1시간 30분(무 절이는 시간 제외)   📦 3개월

국물 김치의 왕 동치미

재료
무(1.2~1.5kg)
　… 3개(동치미용 무 7개)
대파 … 2대
홍갓 … 6줄기
고추지(p.196) … 10개
사과 … 1개
배 … 1개
마늘 … 10쪽
생강 … 2쪽
천일염 … 1컵
소주 … 1컵

국물
물 … 4ℓ
고운 소금 … 2큰술

1. 무는 흙이 없도록 깨끗이 손질해서 2cm 두께의 막대 모양으로 썬다. (a)
2. ①의 무에 소주를 붓고 천일염을 골고루 뿌린 뒤 김치통에 차곡차곡 담아 뚜껑을 닫고 한나절 정도 절인다.
3. 무가 다 절여졌을 때쯤, 홍갓은 흙이 없도록 깨끗이 씻고 ②의 무 절이는 통에 함께 넣어 30분 정도 절인다.
4. 고추지는 물에 한 번 헹구고 물기를 닦는다.
5. 대파는 뿌리째 깨끗이 씻어 반 자르고, 마늘은 칼 면으로 눌러 대강 으깬다. 생강은 편으로 썬다.
6. 사과와 배는 껍질과 씨를 제거한 뒤 믹서에 곱게 갈아 면포에 넣고 (b) 입구를 잘 묶는다. 갈때 농도가 너무 되면 물을 1~2큰술 넣는다.
7. ③의 통에 ④~⑥의 준비한 재료를 모두 넣고 분량의 물을 부은 뒤 고운 소금으로 간을 한다. 무가 뜨지 않게 무거운 것을 올려둔다.
8. 실온에 두고 하루 정도 지난 뒤 국물 맛을 봐서 싱거우면 고운 소금으로 간을 하고, 짜면 물을 약간 붓는다.
9. 1~2일 정도 실온에서 더 숙성시킨 뒤 냉장고에 넣는다.

a

b

 임성근의 한끗!

- 동치미용 무로 담그면 맛과 식감이 더 좋습니다. 동치미용 무는 손바닥 남짓한 길이의 크지 않은 것으로 7개 정도 준비해서 억센 줄기를 떼어낸 뒤 자르지 말고 위의 레시피대로 담그면 됩니다.
- 무 껍질을 벗기면 무르기 쉽고 식감도 떨어지니 껍질째 깨끗이 씻어 그대로 담그세요.
- 동치미에 청갓 대신 홍갓을 넣으면 붉은색이 우러나 연한 분홍빛 동치미가 됩니다. 갓은 넉넉하게 넣을수록 시원하고 톡 쏘는 맛이 좋아져요.
- 국물 위로 무가 떠오르면 무르고 상하기 쉬우니 동치미를 다 먹을 때까지 무거운 것을 꼭 올려두세요.

4~6월, 10~12월　 3시간　 3개월

색다른 시원함 총각무 동치미

- 아삭한 식감을 좋아한다면 무보다 단단한 총각무로 동치미를 담가보세요. 가을은 물론 봄철 햇 총각무도 맛이 좋습니다.

재료
총각무 … 1단
배 … 1개
청양고추 … 10개
고추지(p.196) … 5개
마늘 … 10쪽
생강 … 1쪽
홍갓(혹은 겨자잎) … 10장

소금물
물 … 5컵
천일염·소주 … ½컵씩

국물
물 … 5ℓ
고운 소금 … 4큰술
소주 … ½컵

1. 총각무는 억센 줄기와 누런 잎을 떼고 뿌리와 줄기 사이의 지저분한 부분을 제거(a)한 뒤 무의 껍질을 칼로 긁어 낸다.(b)
2. 무와 무청에 흙이 없도록 깨끗이 씻고 굵은 무만 반 가른다.
3. 총각무가 충분히 들어갈 만한 큼직한 그릇에 소금물을 만든 다음 우선 무만 담가 1시간 정도 절이고, 무청까지 담가 1시간 더 절인다.
4. 절인 총각무는 물에 두 번 정도 헹구고 체에 밭쳐 물기를 뺀다.
5. 배는 세로로 8등분하여 껍질과 씨를 제거하고, 청양고추는 3~4군데 어슷하게 칼집을 넣는다.(c) 마늘은 칼 면으로 눌러 대강 으깨고 생강은 편으로 썬다.
6. 김치통에 절인 무와 배, 고추지, 청양고추, 홍갓을 담고 마늘과 생강은 면포에 넣어 잘 묶은 뒤 함께 넣는다.
7. 분량의 국물 재료를 한데 섞어 소금을 녹인 뒤 ⑥의 김치통에 붓고 무가 뜨지 않게 무거운 것을 올려 눌러둔다.
8. 1~2일 정도 실온에서 숙성시킨 뒤 냉장고에 넣는다.

a

b

c

 임성근의 한끗!

- 동치미용 총각무는 **단단한 무를 골라야 무르지 않고 아삭한 식감을 맛볼 수 있습니다.**
- 갓이나 겨자잎을 넣으면 톡 쏘는 향과 맛이 나서 좋아요. 홍갓이 없으면 청갓을 넣어도 됩니다.
- 무가 위로 떠오르면 골마지가 낄 수 있으니 깨끗이 씻은 돌 등 무거운 것을 올려두세요.

물기를 빼서 큰 잎으로 10장 정도 준비하고 기호에 맞게 쌈채소를 준비해서 돼지고기 수육, 무채 김치와 함께 낸다.

절인 배추(p.36)

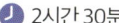 1~12월 2시간 30분 1주일

보쌈에 필수 무채 김치

재료
무(1.2~1.3kg) … 1개
미나리 … 10줄기
쪽파 … 6줄기
고구마 … 50g
물엿 … 2컵
천일염 … 3큰술

양념
고춧가루 … 7큰술
설탕 … 3큰술
찹쌀풀(p.28) … 2큰술
참치액젓 … 2큰술
다진 마늘 … 2큰술
통깨 … 1큰술
새우젓 … ½큰술
다진 생강 … ½큰술

1. 무는 5cm 길이의 나무젓가락 두께로 썰고(a) 물엿과 천일염에 버무려 2시간 정도 절인다.
2. 미나리는 잎을 떼고 줄기만 준비해서 4cm 길이로 썰고, 쪽파는 깨끗이 손질해서 4cm길이로 썬다. 고구마는 4cm길이로 채 썬다.(b)
3. 그릇에 찹쌀풀과 고춧가루를 먼저 넣고 섞어 고춧가루를 불린 뒤 나머지 양념 재료를 넣어 골고루 섞는다.
4. 절인 무는 건져서 꼬들꼬들하게 물기를 꼭 짠다.
5. ③에 절인 무와 미나리, 쪽파, 고구마를 넣고 잘 버무려 바로 먹는다.

 임성근의 한끗!

- 무는 물엿에 절이면 삼투압 작용으로 수분이 잘 빠져 꼬들꼬들해지고 단맛도 살아나 맛있게 먹을 수 있습니다. 여름 무는 특히 맛이 없으므로 물엿이나 설탕을 넣어 절이면 쓴맛이 줄어 더 맛있어집니다.
- 절인 무는 물에 씻지 말고 그대로 꼭 짜서 양념해야 맛있어요.
- 편육이나 족발, 특히 삶은 돼지고기와 곁들이면 잘 어울리는 김치입니다.

김치맛 무생채

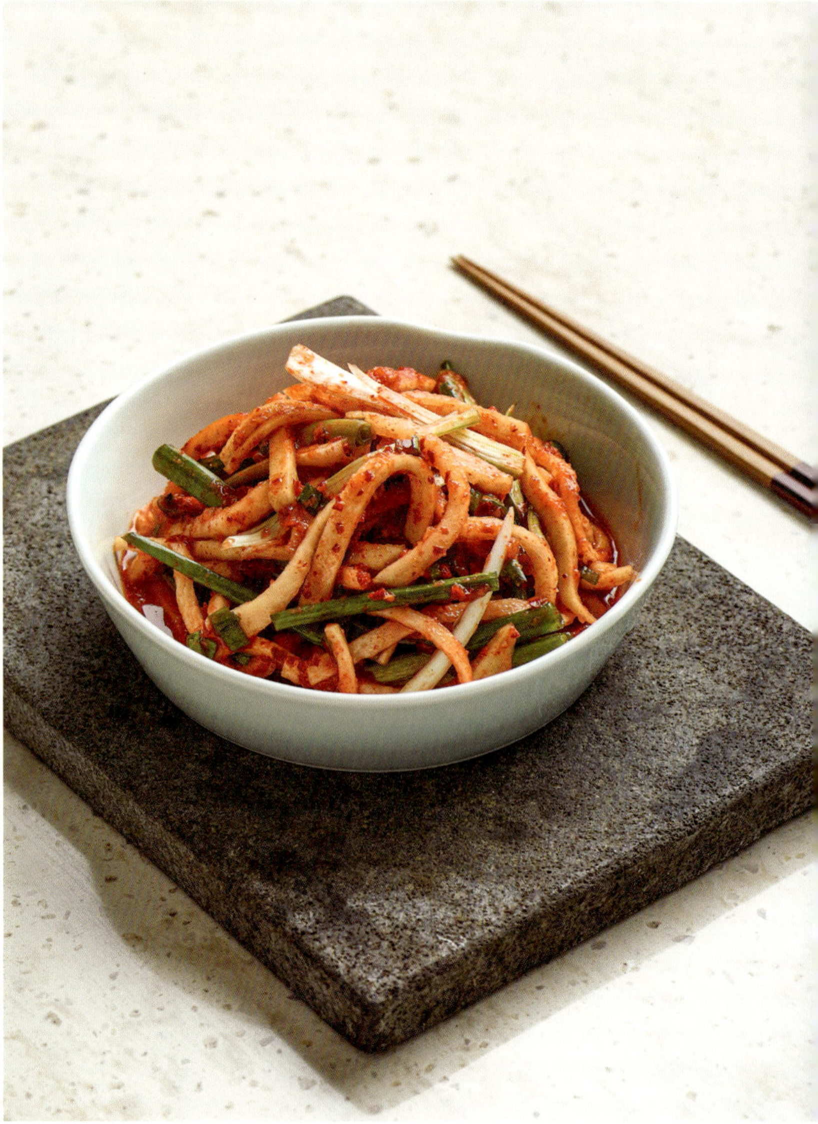

재료
- 무 … ⅓개(약 400g)
- 쪽파 … 4줄기

양념
- 고춧가루 … 3큰술
- 다진 마늘 … 2½큰술
- 고운 소금 … 2½큰술
- 설탕 … 2큰술
- 다진 생강 … ½큰술

한꾿 김치 양념 4큰술

1. 무는 5㎝ 길이로 잘라 결대로 나박나박 얇게 썬 뒤 나무젓가락 두께로 채 썬다. (p.41 참조)
2. 쪽파는 흰 부분이 굵은 것만 반 가르고 무와 비슷한 길이로 썬다.
3. 채 썬 무에 고춧가루를 먼저 넣고 가볍게 버무려 붉은 물을 들인다.
4. ③에 쪽파와 양념을 모두 넣고 골고루 버무린다.

 임성근의 한꿑!

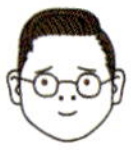

- 한꿑 김치 양념으로 버무린 생채는 오래 두면 물이 생기니 버무린 날 바로 먹는 게 좋습니다.
- 무를 채 썰 때는 채칼로 썰면 섬유질이 잘려 식감이 좋지 않고 무를 수 있습니다. 칼을 이용해서 결대로 썰어야 (p.41~42 참조) 아삭함이 훨씬 좋아요.
- 무가 가장 맛있는 계절인 가을과 겨울에는 새우젓이나 액젓으로 간을 해서 먹는 게 훨씬 맛있어요. 액젓으로 맛을 낼 때는 무를 도톰하게 써는 게 맛을 살리는 비법입니다.

1~12월　1시간　3일

새콤달콤 무생채

재료　무 … ⅓개(약 400g)

양념　다진 파 … 4큰술
　　　고운 고춧가루 … 3큰술
　　　매실청 … 2큰술
　　　다진 마늘 … 1큰술
　　　설탕 … 1큰술
　　　고운 소금 … 1큰술
　　　식초 … 1큰술
　　　참치액젓 … 1큰술
　　　다진 생강 … ½큰술
　　　통깨 … 1작은술

1　무는 5cm 길이로 잘라 결대로 나박나박 얇게 썬 뒤 가늘게 채 썬다. (p.41참조)
2　채 썬 무에 고춧가루를 체에 쳐서 먼저 넣고 가볍게 버무려 붉은 물을 들인다.
3　②의 무에 통깨를 제외한 양념을 모두 넣고 골고루 버무린 뒤 통깨를 넣어 가볍게 섞는다.

 임성근의 한끗!

- 무를 채 썰 때는 채칼로 썰면 섬유질이 잘려 식감이 좋지 않고 무를 수 있습니다. 칼을 이용해서 결대로 썰어야(p.41~42참조) 아삭함이 훨씬 좋아요.
- 식초로 맛을 낼 때는 가늘게 썰어서 무쳐야 맛있습니다. 여름에는 무가 단맛이 적고 깊은 맛도 덜하니 식초와 설탕으로 새콤달콤하게 맛을 내세요.

03
다양한 채소 김치

요즘에는 제철이 무색할 정도로 사계절 내내 다양한 채소를 구할 수 있습니다. 그렇지만 계절의 맛을 제대로 보기 위해서는 맛 좋은 제철 채소로 김치 담그는 걸 추천합니다.

김장김치가 물릴 때쯤 입맛을 다시 돌게 하는 풋풋한 봄 김치의 대표 재료인 열무, 얼갈이, 양파를 비롯해 여름철에는 시원하고 아삭한 맛이 좋은 오이, 고추, 양배추가 있죠. 가을 별미로는 쪽파, 갓, 고들빼기, 그리고 겨울철 움츠린 몸에 기운을 돋우는 대파, 갓, 콜라비까지 매우 다양합니다. 이토록 다채로운 제철 자연의 맛을 김치에 담아봅니다.

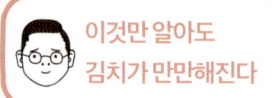
이것만 알아도
김치가 만만해진다

실패 없는 다양한 채소 김치 비법

💬 열무는 40~45㎝ 길이의 줄기가 굵지 않은 것을 고르세요

봄에는 시원하고 아삭한 맛이 좋아지는 열무로 김치를 담그세요. 열무는 줄기가 굵으면 풋내가 나고 섬유질이 많아 질길 가능성이 높으니 되도록 가늘고 연한 것이 좋습니다. 40~45㎝ 길이에 줄기가 나뭇젓가락 굵기이며 누런 잎이 없는 것을 선택하세요.

💬 지역 이름을 딴 열무는 모양의 차이는 있지만 맛은 크게 차이 없습니다

채소는 땅, 거름, 기온과 일교차에 따라 자라는 속도와 크기, 모양이 달라지지요. 그래서 북쪽에서 자란 열무와 남쪽에서 자란 열무는 다를 수밖에 없어요. 농사를 짓는 사람들이 그 지역의 특성에 맞게, 상품성 있는 열무를 키우는 겁니다. 두껍고 크다고 맛이 없는 것도, 작고 가늘다고 맛있는 것도 아닙니다. 하지만 너무 크면 풋내가 나기 쉬우니 앞에서 말한 대로 적당한 크기의 것을 고르는 게 중요합니다.

💬 얼갈이는 줄기가 좁고 30㎝ 정도 길이가 좋아요

채소는 자라면 자랄수록 섬유질이 굵어져 억세고 질겨집니다. 얼갈이의 키가 크면 줄기의 폭도 넓어지니 줄기는 3㎝ 폭에 길이는 30㎝ 미만이 연하고 부드러워 먹기가 좋습니다.

💬 봄 쪽파는 절이지 않고 담가도 됩니다

봄에 나오는 쪽파는 매운 맛이 덜하고 연하므로 절이지 않고 양념을 해도 됩니다. 가을 쪽파는 매운 맛이 많고 봄 쪽파에 비해 억세므로 액젓에 절인 뒤 김치를 담그세요.

💬 부추는 짧고 통통하며 선명한 초록색을 고르세요

부추는 제철을 맞는 봄과 가을에는 부재료가 아닌 주재료로 김치를 담그면 맛있습니다. 반면 여름 부추는 알싸한 맛과 영양 성분이 많아 겉절이의 부재료로 제격입니다. 또한 오이와 궁합이 좋으니 오이소박이나 오이송송이에 부추를 함께 넣으면 맛이 좋지요. 부추는 긴 것보다는 짧고 통통하며 초록색이 짙고 선명한 것이 좋습니다. 또한 누런 잎이 없고 신선한 것이 좋은데, 한 다발 묶어서 판매하는 것을 고를 때는 묶은 부분이 무를 수 있으니 잘 살펴보고 고르세요.

💬 부추를 손질할 때는 살살 흔들어 씻어야 풋내가 덜해요

부추는 가늘어서 일일이 손질하는 게 번거롭죠. 우선 상한 잎을 골라내고 조금씩 나눠 잡은 상태에서 흐르는 물에 뿌리 부분은 살살 비벼가며 지저분한 잎이나 이물질을 제거하세요. 세게 문지르면 상처가 나면서 풋내가 날 수 있으니 살살 흔들어 씻어야 합니다.

중간 굵기의 쪽파가 맛있어요

쪽파김치를 담글 때는 흰 부분이 통통하며 무르지 않고 단단한 것을 고르세요. 흰 부분이 크고 굵은 것은 매운 맛이 강하고, 얇은 것은 쪽파 특유의 향과 씹는 맛이 덜해요. 중간 굵기의 길이가 길지 않은 것, 끝이 누렇게 변하지 않은 것이 좋습니다. 깐 쪽파를 구매할 때는 잔뿌리를 잘라 낸 곳이 갈색을 띄면 오래된 것이니 참고하세요.

오이김치를 담글 때는 통통하고 수분이 많으며 아삭한 다다기오이를 사용하세요

여러 품종의 오이 중 우리가 흔히 볼 수 있는 오이는 두 가지입니다. 꼭지 쪽은 연한 연두색인데 줄기 쪽으로 갈수록 짙은 녹색의 다다기오이, 전체가 짙은 초록색인 취청오이가 있어요. 다다기오이는 백오이나 조선오이라고도 불러요. 오돌도돌한 돌기에 가시가 박혀 있는데, 이 가시가 검은색인 것을 흑침 다다기라 하고, 흰색인 것을 백침 다다기라고 해요. 흑침 다다기오이는 금방 누렇게 변하는데, 이 단점을 보완해서 계량한 품종이 백침 다다기오이입니다. 맛은 크게 차이가 없으나 백침 다다기오이가 수분이 조금 더 많고 쓴맛이 덜하죠. 취청오이는 껍질이 두껍고 뻣뻣해서 식감이 질기며 다다기오이에 비해 수분이 적어 아삭함도 덜하므로 김치나 장아찌용으로는 다다기오이를 사용하세요. 씨가 많으면 김치가 익은 후 무르기 쉬우니 짧고 통통한 씨가 적은 싱싱한 것을 고르면 됩니다.

고들빼기는 소금물에 3일 정도 담가 쓴 맛을 우리세요

특유의 쌉싸름한 맛이 매력 있는 고들빼기는 10월과 11월 사이에 잠깐 나왔다가 들어가는 가을 별미 중 하나이므로 꼭 김치로 담가보길 추천합니다. 잎보다 뿌리의 쌉싸름한 맛으로 먹는 고들빼기는 뿌리가 짧고 가는 것보다는 굵고 길며 잔뿌리가 적은 것이 맛이 진합니다. 하지만 뿌리가 너무 큰 것은 섬유질이 많아 질깁니다. 흙이 많아 여러 번 씻어야 하는데, 우선 뿌리와 잎이 이어지는 부분을 칼로 조금 도려내고 물에 담가 흙을 불린 뒤 여러 번 헹구세요. 그리고 소금물에 3일 정도 담가 쓴 맛을 우린 뒤 김치를 담가야 합니다.

돌산갓은 김치의 주재료, 청갓과 홍갓은 부재료로 사용합니다

갓은 고추냉이처럼 톡 쏘는 알싸하게 매운 맛이 별미인 채소에요.
청갓 줄기가 짧고 가늘며 잎이 도톰합니다. 물김치 재료로 좋아요.
홍갓 청갓과 비슷하나 잎의 색이 짙은 자주색이며 매운 맛이 강해요. 배추김치의 속재료나 동치미에 주로 사용해요.
돌산갓 줄기와 잎이 크고 넓습니다. 갓김치로 만들어 먹습니다.

배와 사과는 천연의 단맛으로 김치 맛을 좋게 하지만 오래 두고 먹는 김치에는 넣지 마세요

김치 양념을 만들때 사과와 배를 갈아 넣으면 천연의 은은한 단맛으로 김치 맛이 한결 좋아집니다. 강판이나 믹서에 갈고 면포에 담아 꾹 짜서 국물만 사용하는데, 겉절이류나 일주일 안에 먹을 김치, 특히 동치미나 물김치에 잘 어울려요. 하지만 김장김치처럼 오래 보관해두고 먹는 김치에 넣으면 김치가 금새 무르고 시어지니 넣지 않는 게 좋습니다.

1~4월　 1시간　 1일

봄에 꼭 먹어요 유채 겉절이

- 1~3월 사이 초봄에만 잠시 나오는 유채는 알싸한 맛이 나고 고소하며 아삭한 식감이 좋은 채소에요.

재료　유채 … 300g
　　　　대파 흰 부분 … 1대 분량

양념　고춧가루 … 3큰술
　　　　멸치액젓 … 1큰술
　　　　다진 마늘 … 1큰술
　　　　설탕 … 1큰술
　　　　고운 소금 … 1큰술
　　　　식초 … 1큰술
　　　　통깨 … 1큰술

한끗 김치 양념 5큰술

1　유채는 물에 깨끗이 씻고 먹기 좋은 길이로 손으로 뚝뚝 자른다. (a)
2　대파 흰 부분은 6~7㎝ 길이로 썰고 반 갈라 가늘게 채 썬다. (b)
3　그릇에 통깨를 제외한 분량의 양념 재료를 섞은 뒤 유채와 대파 채를 넣어 가볍게 버무린 다음 통깨를 뿌린다.

 임성근의 한끗!

- 입맛 없는 날 유채를 김치 양념에 쓱쓱 버무려 겉절이를 만들어 먹으면 입맛을 돋울 수 있습니다. 밥 반찬으로도 좋고, 삼겹살 구이에도 아주 잘 어울려요.
- 유채는 연하기 때문에 굳이 칼로 자를 필요가 없으니 긴 것만 먹기 좋게 손으로 뚝뚝 자르세요.

2~4월 | 1시간 30분 | 2일

향긋한 봄맛 돌나물 물김치

• 잎이 도톰해 씹을 때마다 톡 터지는 아삭함과 풋풋함이 좋은 돌나물은 생으로 무치거나 물김치로 담그세요.

재료
돌나물 … 200g
무 … 100g
미나리 … 2~3줄기
쪽파 … 2줄기
홍고추 … 1개
천일염 … 1큰술
물 … 7컵

국물 양념
배 … ½개
사과 … ½개
양파 … ½개
마늘 … 3쪽
생강 … 1쪽
매실청 … 3큰술
고운 고춧가루 … 2큰술
멸치액젓 … 2큰술
고운 소금 … 2큰술

1. 돌나물은 지저분한 것을 떼고 물에 살살 흔들어 헹군 뒤 체에 밭쳐 물기를 뺀다.
2. 무는 얄팍하게 나박 썰고 천일염을 뿌려 10분 정도 절인 뒤 체에 밭쳐 물기를 뺀다.
3. 미나리는 잎을 떼고 줄기만 준비해서 3㎝ 길이로 썰고, 쪽파도 3㎝ 길이로 썬다. 홍고추와 마늘, 생강은 모두 곱게 채 썬다.
4. 사과와 배는 껍질을 벗기고 씨를 제거한 뒤 듬성듬성 썰고, 양파도 껍질을 벗겨 듬성듬성 썬다.
5. 믹서에 배, 사과, 양파를 넣고 물 2컵을 부어 곱게 간 뒤 고춧가루와 함께 면포에 담는다.
6. 그릇에 나머지 물 5컵을 붓고 ⑤의 면포를 넣어 주물주물해서 재료의 맛과 고춧가루 물을 우린 뒤 매실청과 액젓, 소금을 넣어 간한다.
7. 김치통에 돌나물과 손질한 ②~③의 채소를 넣고 ⑥의 김칫국물을 붓는다.
8. 반나절 뒤 국물의 간을 봐서 싱거우면 고운 소금으로 간을 맞추고 실온에서 하루 정도 숙성시킨 뒤 냉장고에 넣는다.

※ 무 나박 써는 방법은 47쪽을 참조하세요.

 임성근의 한끗!

• 돌나물은 풋내가 많이 나는 채소입니다. 손이 많이 가면 풋내가 심해질 수 있으니 손질할 때와 헹굴 때 살살 다루세요.
• 국물을 만들 때 맹물 대신 다시마물을 넣으면 감칠맛이 더 좋아집니다.
• 봄철 나박김치를 담가 먹을 때 건더기는 거의 먹고 국물이 많이 남았다면 남은 국물에 무를 채 썰어 넣고 돌나물을 넣으면 간단하게 돌나물 물김치를 완성할 수 있습니다.

🛒 2~4월   🕐 2시간   📦 1일

고기 먹을 때는 풋마늘 숙채 김치

- 마늘이 완전히 여물기 전의 흰 뿌리부터 줄기, 잎을 모두 풋마늘이라 합니다. 풋마늘은 수확용으로 따로 재배하기도 하죠.

재료
풋마늘 … 1kg,
고운 소금 … ⅓컵

액젓 국물
물 … 2½컵
멸치액젓 … 1컵
볶은 국물용 멸치 … 7~8마리
양파 … ½개

양념
마른 고추 … 10개
배 … ¼개
사과 … ¼개
무 … ⅛개(약 150g)
고춧가루 … ¾컵
흰밥 … ¼컵
통깨 … 5큰술
매실청 … 4큰술
다진 생강 … 1큰술

한꾿 김치 양념 6큰술

1. 풋마늘은 진한 초록색 잎은 잘라내고⁽ᵃ⁾ 줄기만 준비해서 깨끗이 씻고 5~6cm 길이로 썬 다음 흰 부분이 굵은 것만 반 가른다.⁽ᵇ⁾
2. 냄비에 물을 넉넉히 붓고 고운 소금을 넣어 끓인다. 물이 끓으면 풋마늘의 흰 부분을 먼저 넣어 30초 정도 데치고 초록 부분을 마저 넣어 30초 동안 데친 뒤 바로 건져서 찬물에 헹구고 체에 밭쳐 물기를 뺀다.
3. 냄비에 액젓 국물 재료를 모두 넣어 끓인다. 팔팔 끓으면 불을 약하게 줄이고 40분간 끓여 액젓 국물을 완성한 뒤 멸치는 건져내고 완전히 식힌다.
4. 마른 고추는 꼭지를 떼고 반 잘라 미지근한 물에 불리고, 배와 사과는 껍질을 벗기고 씨를 제거한 뒤 듬성듬성 썬다. 무도 듬성듬성 썬다.
5. 믹서에 불린 고추, 배, 사과, 무, 다진 생강, 흰밥, ③의 액젓 국물 1½컵을 넣고 가는데, 마른 고추 입자가 굵직하게 될 정도로 간다.
6. 그릇에 ⑤와 고춧가루, 매실청, 통깨를 섞어 김치 양념을 완성한다.
7. 김치 양념에 풋마늘을 넣어 골고루 버무린 뒤 통에 담고 2일 정도 실온에서 숙성 후 냉장고에 넣는다.

a
b

 임성근의 한꿋!

- 풋마늘 잎의 진한 초록 부분은 뻣뻣하고 질기므로 잘라내는 게 좋아요.
- 풋마늘은 살짝 데치면 한결 부드러워져 먹기 좋고, 단맛도 오릅니다. 만약 구입한 풋마늘이 억세다면 조금 더 데치고, 아주 연한 것은 조금 덜 데치는 게 좋습니다.
- 풋마늘 김치는 마늘 맛과 향이 충분히 나기 때문에 김치 양념에 마늘을 넣지 않아도 됩니다.
- 액젓 국물 내는 게 번거로울 때는 멸치액젓을 1⅓컵 넣으면 됩니다.

🛒 3~7월   🕐 2시간 30분   📦 2주일

밥도 비비고 국수도 비벼요 열무김치

- 아삭아삭하고 알싸한 맛이 나는 열무는 줄기가 굵으면 질기니 연한 열무로 골라서 김치를 담그세요

재료
열무 … 1단
양파 … 1개
청양고추 … 6개

소금물
물 … 5컵
천일염 … ½컵

양념 1
마른 고추 … 7개
참치액젓 … 2큰술
새우젓 … 2큰술
다진 생강 … ½큰술

양념 2
고춧가루 … 1큰술
감자풀(p.29) … 5큰술
다진 마늘 … 3큰술
설탕 … 2큰술

한꿋 김치 양념 1½컵

1. 열무는 억세고 지저분한 줄기를 떼어내고 무의 껍질을 칼로 긁어낸 (a) 뒤 가늘고 긴 뿌리를 잘라낸다. (b)
2. 손질한 열무는 6~7cm 길이로 자르고 물에 살살 흔들어 씻는다.
3. 분량의 소금물에 열무를 넣고 40분 정도 절이는데, 중간에 한 번 위아래를 뒤집어 고루 절인다.
4. 절인 열무는 물에 가볍게 헹구고 체에 받쳐 물기를 뺀다.
5. 양파는 채 썰고, 청양고추는 어슷 썬다.
6. 마른 고추는 꼭지를 떼고 반 잘라 미지근한 물에 담가 10분 정도 불린 뒤 나머지 [양념 1]의 재료와 함께 믹서에 넣어 간 다음 [양념 2]의 재료를 모두 섞어 김치 양념을 완성한다.
7. 절인 열무의 물이 빠지면 양파와 청양고추, 김치 양념을 넣어 풋내가 나지 않도록 가볍게 버무린다.
8. 김치통에 담아 하루 정도 실온에서 숙성시킨 뒤 냉장고에 넣는다.

 임성근의 한꿋!

- 이른 봄 열무가 처음 나와 연할 때는 절이지 말고 생으로 김치를 담그세요. 아삭한 식감과 시원한 맛이 훨씬 좋습니다.
- 열무는 풋내가 강한 채소라 손이 많이 가면 풋내가 심해집니다. 절일 때도 한두 번 가볍게 뒤집고, 버무릴 때도 오래 버무리지 말고 양념이 묻을 정도로만 살짝 버무리세요.
- 열무의 무가 단단하고 억셀 때는 잘라버리고 줄기만 김치를 담그는 게 좋아요. 대신 무를 나무젓가락 두께로 썰어서 함께 담그면 열무의 풋내도 없앨 수 있습니다.

3~7월   1시간 30분   10일

여름의 맛 열무 물김치

• 열무로 물김치를 담글 때는 오래 절이지 말고 숨이 죽을 정도로만 살짝 절여야 아삭하고 질기지 않아요.

재료
열무 … 1단
양파 … 1개
쪽파 … 1줌
청양고추 … 6개
물 … 2ℓ

소금물
물 … 5컵
천일염 … 1컵

양념
홍고추 … 4개
밀가루풀(p.29) … 1컵
고춧가루 … 3큰술
다진 마늘 … 3큰술
고운 소금 … 3큰술
매실청 … 3큰술
멸치액젓 … 2큰술
설탕 … 2큰술
다진 생강 … 1큰술

1. 열무는 억세고 지저분한 줄기를 떼어내고 무의 껍질을 칼로 긁어낸(a) 뒤 가늘고 긴 뿌리를 잘라낸다. (b)
2. 손질한 열무는 6~7cm 길이로 자르고 물에 살살 흔들어 씻는다.
3. 분량의 소금물에 열무를 넣고 30분 정도 절이는데, 중간에 한 번 뒤집어 고루 절인다.
4. 절인 열무는 물에 가볍게 헹구고 체에 밭쳐 물기를 뺀다.
5. 양파는 채 썰고, 쪽파는 4cm 길이로 썬다. 청양고추는 어슷 썬다.
6. 홍고추는 듬성듬성 썰어 물 1컵을 붓고 믹서에 간 뒤 소금을 제외한 나머지 분량의 양념을 넣어 섞는다.
7. 나머지 분량의 물(1.8ℓ)에 ⑤의 채소와 ⑥의 양념을 섞어 김칫국물을 완성한다.
8. 열무의 물이 빠지면 김치통에 담고 김칫국물을 부은 뒤 고운 소금으로 간을 한다.
9. 1~2일 정도 실온에서 숙성 후 냉장고에 넣는다.

a

b

 임성근의 한끗!

• 열무 물김치는 대표적인 여름 김치로 풀을 넣어야 풋내가 나지 않아요. 특히 억센 열무는 풋내가 많이 나니 밀가루로 풀을 쒀서 김치를 담그세요.

얼갈이 겉절이

얼갈이는 열무와 섞어서 겉절이를 담가도 맛있다. 열무와 얼갈이를 섞어서 담글 때는 얼갈이 반 단, 열무 반 단을 손질해서 썩고 양파 1개를 채 썰어 넣은 뒤 '얼갈이 겉절이' 레시피 대로 담그면 된다.

열무 얼갈이 겉절이

 3~7월   1시간 30분 2일

봄 입맛 살아나는 얼갈이 겉절이

- 고소하고 단맛이 좋은 얼갈이는 줄기가 두꺼우면 질기고 맛이 싱거워요. 줄기가 얇고 짧은 얼갈이를 고르세요.

재료 얼갈이 배추 … 1단
쪽파 … 5~6줄기
통깨 … 2큰술

소금물 물 … 1컵
천일염 … 4큰술

양념 홍고추 … 4개
고춧가루 … ¼컵
밀가루풀(p.29) … ¼컵
까나리액젓 … 1½큰술
다진 마늘 … 1큰술
설탕 … 1큰술
새우젓 … 3큰술
생강 … ½큰술

한꿋 김치 양념 1컵

1. 얼갈이 배추는 밑동을 잘라낸 (a) 뒤 6~7㎝ 길이로 잘라 (b) 흙이 없도록 물에 살살 흔들어 씻는다.
2. 분량의 소금물에 얼갈이 배추를 넣고 20분 정도 살짝 절인다. 중간에 위아래를 한 번 뒤집어 고루 절인다.
3. 절인 얼갈이 배추는 흐르는 물에 두 번 정도 살살 헹구고 체에 받쳐 물기를 뺀다.
4. 쪽파는 깨끗이 손질해서 흰 부분이 굵은 것만 반 가르고 4㎝ 길이로 썬다.
5. 홍고추는 꼭지를 떼고 듬성듬성 썰어 믹서에 담고, 새우젓을 함께 넣어 곱게 간다.
6. ⑤를 그릇에 담고 나머지 양념 재료를 모두 넣어 섞는다.
7. ⑥의 양념에 절인 얼갈이 배추와 쪽파를 넣고 가볍게 버무린다.

 a  b

 임성근의 한꿋!

- 봄철에 가장 연하고 맛있는 얼갈이 배추로 만든 겉절이는 밥도둑이죠. 이른 봄에 나는 얼갈이 배추는 연하고 부드러워 굳이 절일 필요가 없어요. 절이지 말고 그대로 겉절이를 만들어야 달고 고소한 맛이 훨씬 살아나요. 하지만 질기고 억센 얼갈이 배추는 절여야 부드러운 식감을 맛 볼 수 있습니다.
- 얼갈이 배추를 절이지 않고 담글 때는 밀가루풀을 빼고 양념하세요. 그래야 양념에 텁텁함을 덜어 한결 풋풋하고 맛있게 먹을 수 있습니다.

다양한 채소 김치 97

얼갈이김치

열무와 얼갈이 배추를 섞어서 김치를 담글 때는 열무 1단, 얼갈이 배추 1단을 손질해서 섞고 '얼갈이 김치' 레시피대로 담그는데, 밀가루풀은 4큰술로 줄인다.

얼갈이 열무김치

3~7월   1시간 30분   2일

풋풋한 봄맛 얼갈이김치

- 얼갈이는 풋내가 강한 채소에요. 손이 많이 가면 풋내가 심해지니 씻을 때, 절일 때, 버무릴 때 모두 가볍게 다루세요.

재료 얼갈이 배추 … 2단

소금물 물 … 5컵
천일염 … ½컵

양념 사과 … ½개
양파 … ½개
홍고추 … 5개
청양고추 … 5개
밀가루풀(p29) … 5큰술
고춧가루 … 4큰술
멸치액젓 … 3큰술
다진 마늘 … 3큰술
설탕 … 3큰술
다진 생강 … 1큰술

한끗 김치 양념 2컵

1. 얼갈이 배추는 밑동을 잘라낸(a) 뒤 긴 것은 3등분, 짧은 것은 2등분하고 흙이 없도록 물에 살살 흔들어 씻는다.
2. 분량의 소금물에 얼갈이 배추를 넣고 1시간 정도 절인다. 중간에 위아래를 한 번 뒤집어 고루 절인다.
3. 절인 얼갈이 배추는 흐르는 물에 두 번 정도 살살 흔들어 헹구고 체에 밭쳐 물기를 뺀다.
4. 사과와 양파는 껍질과 씨를 제거하여 듬성듬성 썬다. 고추는 모두 꼭지를 떼고 듬성듬성 썬다.
5. 사과와 양파를 믹서에 넣고 갈릴 수 있게 물을 ½컵 정도만 넣어 곱게 간 뒤 고추를 모두 넣고 고추의 입자가 보일 정도로 거칠게 간다.
6. 김치를 버무릴 그릇에 ⑤를 붓고 나머지 양념 재료를 모두 넣어 골고루 섞는다.
7. 얼갈이 배추의 물이 다 빠지면 양념에 넣어 가볍게 버무린 뒤 통에 담고 하루 정도 실온에서 숙성시켰다가 냉장고에 넣어 보관한다.

 임성근의 한끗!

- 매운 걸 잘 못 먹는다면 청양고추 대신 풋고추를 사용하세요.
- 버무릴 때 오래 버무리면 풋내가 심해지니 얼갈이 배추에 양념이 골고루 묻을 정도로만 가볍게 버무려요.
- 홍고추와 청양고추를 함께 갈아 넣으면 붉은 색도 선명해지고 칼칼한 맛이 돌아 김치가 한층 맛있어져요. 고추 씨는 빼지 말고 그대로 담가야 더 맛있습니다.
- 2주 이상 오래 두고 먹을 때는 사과와 양파를 빼고 양념을 만들어야 합니다. 오래 숙성되면 사과와 양파의 맛이 변해 김치 맛도 변하기 때문이죠. 사과와 양파를 뺄 때는 설탕을 2큰술 더 넣으세요.

> 아이들도 먹을 수 있도록 맵지 않게 물김치를 담그려면 홍고추나 고춧가루를 빼면 된다.

맑은 얼갈이 오이 물김치

얼갈이 오이 물김치

3~7월　🕐 1시간 30분　📦 10일

국물이 끝내줘요 얼갈이 오이 물김치

- 연한 얼갈이는 절이지 말고 담가야 고소하고 맛있어요. 억센 얼갈이는 소금물에 20~30분 정도 살짝 절였다가 헹궈서 담그세요.

재료
얼갈이 배추 … 1단
오이 … 2개
양파 … ¼개
쪽파 … 5줄기
물 … 2ℓ

양념
홍고추 … 6개
마늘 … 6쪽
생강 … 1쪽
밀가루풀(p.29) … ½컵
까나리액젓 … 4큰술
고운 소금 … 4큰술
설탕 … 3큰술

1　얼갈이 배추는 억센 겉잎을 떼고 밑동을 잘라낸 뒤 6cm 길이로 썬다. 흙이 없도록 물에 살살 흔들어 씻는다.
2　오이는 양 꼭지를 썰어내고 길이를 4등분한(a) 뒤 열십자(+)로 4등분해(b) 가운데 씨 부분을 잘라낸다. (c)
3　양파는 채 썰고, 쪽파는 깨끗이 손질해서 흰 부분이 굵은 것만 반 갈라 4~5cm 길이로 썬다.
4　홍고추는 듬성듬성 썰어 믹서에 넣고 갈릴 수 있게 물을 ½컵 정도만 부어 입자가 보일 정도로 굵직하게 간다.
5　마늘과 생강은 곱게 채 썬다.
6　큼직한 그릇에 밀가루풀을 넣고 마늘과 생강 채를 넣어 섞는다.
7　⑥에 분량의 물(2ℓ)을 붓고 홍고추 간 것, 까나리액젓, 소금, 설탕을 넣어 간을 맞춘다.
8　⑦에 얼갈이 배추와 오이, 양파, 쪽파를 넣고 가볍게 섞어 통에 담는다.
9　반나절 뒤 간을 보고 싱거우면 고운 소금으로 간을 맞춘다.
10　하루 정도 실온에서 숙성시킨 다음 냉장고에 넣는다.

a

b

c

 임성근의 한끗!

- 오이는 씨가 빨리 무르니 씨 부분은 잘라내는 게 좋습니다.
- 마늘과 생강이 씹히는 걸 원치 않을 때는 홍고추와 마늘, 생강을 믹서에 곱게 갈아서 모두 함께 작은 면포에 넣고 국물에 주물주물해서 맛과 색을 우려내세요. 거르고 난 뒤 면포는 국물을 꼭 짜고 건져내세요.

🛒 1~12월   ⏱ 1시간   📦 2일

쉬워도 너무 쉬운 양파김치

- 양파도 암수가 있습니다. 동글동글한 게 암양파이고, 길쭉하게 생긴 게 숫양파입니다. 김치는 암양파로 담가야 맛있어요.

재료 양파 … 2개
부추 … ½줌
쪽파 … 3줄기

식촛물 물 … 2컵
식초 … 5큰술

양념 매실청 … 3큰술
까나리액젓 … 2큰술
고춧가루 … 1½큰술
통깨 … 1큰술

한꿋 김치 양념 5큰술

1 양파는 반 잘라 결대로 1㎝ 폭으로 썬 뒤 (a) 식촛물에 5분 정도 담가 아린 맛을 빼고 체에 밭쳐 물기를 뺀다.
2 부추와 쪽파는 깨끗하게 손질해서 4㎝ 길이로 썬다.
3 김치를 버무릴 그릇에 양파를 담고 까나리액젓을 부어 15분 정도 절인다.
4 ③에 부추와 쪽파를 넣고, 고춧가루와 매실청을 넣어 버무린 뒤 마지막에 통깨를 뿌린다.
5 양파김치를 통에 담고 하루 정도 실온에서 숙성시킨 뒤 냉장고에 넣고 1~2일 내에 먹는다.

a

 임성근의 한꿋!

- 수분이 많고 달고 맛있는 5~6월 햇 양파로 담가 먹는 게 가장 맛있습니다.
- 양파는 결대로 썰어야 아삭한 식감을 살릴 수 있습니다.
- 양파를 식촛물에 잠시 담가두면 잡내와 아린 맛을 뺄 수 있어요.
- 양파김치는 오래 두면 물이 생기고 아삭한 맛도 덜하니 만들어서 바로 먹거나 하루 이틀 내에 먹는 게 좋습니다. 바로 먹을 때는 실온에서 숙성시키지 말고 냉장고에 넣으세요.

1~12월　1시간 30분　10일

여름에는 배추 대신 양배추김치

- 양배추가 가장 맛있는 5~6월에는 배추가 맛이 없을 때죠. 배추 대신 단맛이 좋고 아삭한 양배추로 김치를 담가보세요.

재료　양배추 … ⅓통(약 700g)
　　　　쪽파 … 8줄기

소금물　물 … 1컵
　　　　천일염 … 2큰술

양념　사과 … 1개
　　　　양파 … ½개
　　　　마른 고추 … 6개
　　　　찹쌀풀(p.28) … 4큰술
　　　　까나리액젓 … 4큰술
　　　　고춧가루 … 3큰술
　　　　다진 마늘 … 2큰술
　　　　다진 생강 … 1큰술
　　　　설탕 … 1큰술

한꼇 김치 양념 1½컵

1　양배추는 얇은 초록색 겉잎을 떼고 가운데 심을 제거한다. (a) 3~4㎝ 폭의 웨지 모양으로 썬 (b) 뒤 3~4㎝ 크기로 썰어 (c) 소금물에 1시간 정도 절인다.
2　절인 양배추는 물에 한 번 헹구고 체에 밭쳐 물기를 뺀다.
3　쪽파는 3~4㎝ 길이로 썬다.
4　사과는 껍질과 씨를 제거하여 듬성듬성 썰고, 양파와 마른 고추도 듬성듬성 썬다.
5　믹서기에 마른 고추와 사과, 양파를 넣고 갈릴 수 있게 물을 ½컵 정도만 부어 곱게 간다.
6　김치를 버무릴 그릇에 ⑤를 붓고 나머지 양념 재료를 모두 넣어 섞는다.
7　⑥에 절인 양배추와 쪽파를 넣어 버무리고 김치통에 담은 뒤 실온에서 하루 정도 숙성시켰다가 냉장고에 넣는다.

 임성근의 한꼇!

- 양배추의 초록색 얇은 겉잎은 수분이 적고 질기니 떼어내고 담가야 아삭아삭 맛있는 양배추김치가 됩니다.
- 양배추김치에 사과를 넣으면 양배추 특유의 비릿한 향을 없앨 수 있어요.
- 양배추김치는 오래 두면 수분이 많이 빠져 질겨지니 아삭함이 살아 있을 때 드세요.

a

b

c

1~12월　　1시간 30분　　10일

피클보다 맛있다 양배추 물김치

- 여름철에는 시원한 국물김치가 최고죠. 여름 양배추는 한창 단맛이 오르고 아작아작 씹는 맛이 좋아 국물김치로 담그기 좋죠.

재료
양배추 … 400g
쪽파 … 4줄기
청양고추 … 5개
홍고추 … 2개
물 … 1.2ℓ

양념
배 … 1개
사과 … 1개
양파 … 1개
마늘 … 3쪽
생강 … 1쪽
매실청 … 1큰술
고운 소금 … 3큰술

1. 양배추는 얇은 초록색 겉잎을 떼고 가운데 심을 제거한다.(a) 3cm 폭의 웨지 모양으로 썬 뒤 3cm 길이로 썬다.(c)
2. 쪽파는 3cm 길이로 썰고, 고추는 어슷 썬다.
3. 배와 사과, 양파는 껍질과 씨를 제거하여 듬성듬성 썬 뒤 마늘, 생강과 함께 믹서에 넣고 물을 ½컵 정도 부어 곱게 간다.
4. ③을 면포에 담아 김치통에 넣고 분량의 물(1.2ℓ)을 붓는다. 면포를 주물주물해서 맛을 우려낸다.
5. ④에 고운 소금과 매실청을 넣어 간을 하고 양배추와 쪽파, 고추를 모두 넣어 섞는다.
6. 하루 정도 실온에서 숙성시킨 뒤 냉장고에 넣는다.

a

b

c

 임성근의 한끗!

- 사과와 배, 양파의 즙으로 단맛을 내서 국물이 한층 풍부하고 깔끔한 맛이 나는 김치예요.
- 매콤하게 먹으려면 고춧가루 2큰술을 체에 담고 국물에 걸러 붉은 고춧물을 빼면 됩니다.

다양한 채소 김치

🛒 1~12월   🕐 2시간   📦 1주

나도 할수있다! 오이소박이

- 씨가 많으면 무르기 쉽고 아삭하고 시원한 맛이 덜하니 어리고 통통하며 작은 다다기오이로 담그는 게 좋아요.

재료
다다기오이 … 5개
무 … 3cm 길이 1토막(약 80g)
쪽파 … 5줄기
부추 … 1줌(20~25줄기)
천일염 … 적당량

소금물
물 … 5컵
천일염 … 5큰술

양념
고춧가루 … 6큰술
찹쌀풀(p.28) … 2큰술
새우젓 … 2큰술
설탕 … 1큰술
다진 마늘 … 1큰술
다진 생강 … ½큰술
고운 소금 … ½큰술

한꿋 김치 양념 5큰술

1 오이는 천일염으로 문지른 다음 물에 헹군다.
※ 113쪽 임성근의 한꿋 확인하세요.

2 오이의 양끝을 1cm씩 잘라낸다.

3 오이의 길이를 4등분한다.

4 오이의 한쪽 끝 1㎝ 정도를 남기고 열십자(+)로 칼집을 넣은 뒤 넉넉한 크기의 그릇에 담는다.

5 다른 그릇에 분량의 물을 붓고 천일염을 넣고 녹여 소금물을 만든다.

6 ④의 오이에 ⑤의 소금물을 부어 오이에 탄력이 생길 때까지, 약 1시간 정도 절인다.

7 오이가 휘어질 정도로 절여지면 체에 쏟아 물을 빼고 다시 그릇에 담는다.

오이소박이

8 ⑦의 오이가 잠길 정도로 뜨거운 물을 부어 2~3분 정도 그대로 둔다.

9 오이를 찬물에 두 번 헹구고 체에 밭쳐 물기를 뺀다.

10 오이의 물이 빠지는 동안 부추를 3㎝ 길이로 썬다.

11 쪽파는 흰 부분을 가늘게 가른 뒤 3㎝ 길이로 썬다.

다양한 채소 김치

12 무는 0.2㎝ 두께로 얇게 썬다.

13 무는 곱게 채를 썬다.

※ 오이소박이용 무채는 길이를 짧게 자를 것이기 때문에 굳이 결대로 썰지 않아도 됩니다.

14 무채는 3㎝ 정도 되게 길이에 따라 2~3등분한다.

15 부추와 쪽파, 무채를 그릇에 담고 분량의 양념 재료를 모두 넣어 섞는다.

오이소박이

16 고춧가루가 풀어지고 채소에 양념이 겉돌지 않게 골고루 섞어 소를 완성한다.

17 절인 오이의 물기가 빠지면 칼집 사이에 소를 조금씩 넣는다. 김치통에 눕혀서 차곡차곡 담고 실온에서 하루 정도 숙성시킨 후 냉장고에 넣는다.

 임성근의 한끗!

- 오이는 주로 껍질째 먹기 때문에 표면을 깨끗이 씻어야 해요. 굵은 소금(천일염)으로 문질러야 오돌도돌한 가시가 제거되고 깨끗해집니다. 소금으로 문지르고 흐르는 물에 헹구세요.
- 절인 오이는 뜨거운 물에 한번 튀겨야 오이가 무르지 않아 아삭한 식감이 살아 납니다.
- 오이소박이는 익지 않은 채로 먹어도 맛있으니 생김치를 좋아한다면 담근 날 바로 냉장고에 넣고 숙성시켜가며 드세요.

다양한 채소 김치

1~12월 · 1시간 · 2일

손쉬운 여름 반찬 오이 송송이

- 다다기오이는 청오이에 비해 수분이 많고 아삭함도 좋아 김치를 담그기 좋죠. 김치를 담글 때는 다다기오이를 선택하세요.

재료 다다기오이 … 3개
부추 … ½줌(약 15~20줄기)
천일염 … 적당량

양념 고춧가루 … 4큰술
멸치액젓 … 2큰술
다진 마늘 … 2큰술
설탕 … 1큰술
통깨 … 1큰술

한끗 김치 양념 4큰술

1. 오이는 천일염으로 문질러 씻고 흐르는 물에 헹군 뒤 양 끝을 잘라낸다.
2. ①의 오이는 길이로 반 가른 다음 다시 길이로 반 가르고 (a) 씨 부분을 잘라낸 (b) 뒤 3cm 길이로 썬다. (c)
3. 오이를 그릇에 담고 천일염 ½큰술을 뿌려 15분 정도 살짝 절이고 체에 밭쳐 물기를 뺀다.
4. 부추는 3cm 길이로 썬다.
5. 오이를 버무릴 그릇에 분량의 양념 재료를 넣어 잘 섞는다.
6. ⑤의 양념에 오이와 부추를 넣어 버무린다.

a

b

c

 임성근의 한끗!

- 오이는 씨가 거의 없고 단단한 것으로 송송이를 만들어야 아삭하고 맛있어요. 오이에 씨가 많을 때는 반 갈라 숟가락으로 씨를 긁어내세요.
- 오이는 절인 뒤 헹구면 오이의 향과 맛이 빠지니 헹구지 말고 물기만 빼서 양념에 버무리세요.
- 오이 송송이는 생으로 먹어도 맛있고 익혀 먹어도 맛있어요. 하지만 오래 두면 무를 수 있으니 먹을 만큼만 담가 빨리 먹는 게 좋아요.

1~12월　1시간 30분　2일

쓱쓱 버무리면 완성 오이 부추 겉절이

- 씨가 많으면 씨를 잘라내고 담가야 아삭하고 물도 많이 생기지 않아요. 살이 적은 오이는 다른 부재료를 넣어 씹는 맛을 더하세요.

재료
다다기오이 … 3개
양파 … ½개
대파 … ½대
부추 … 1줌(약 20~25줄기)
천일염 … 적당량

양념
고춧가루 … 2큰술
매실청 … ½큰술
설탕 … ½큰술
멸치액젓 … 1큰술
다진 마늘 … 1큰술
참기름 … 1큰술

한끗 김치 양념 6큰술

1 오이는 천일염으로 문질러 씻고 양끝을 잘라낸 뒤 열십자(+)로 길게 썬다. (a)
2 ①의 오이는 4㎝ 길이로 썰고 천일염 ½큰술을 뿌려 10분 정도 절인다.
3 양파는 채 썰고, 대파는 4㎝ 길이로 잘라 곱게 채 썬다. 부추는 4㎝ 길이로 썬다.
4 그릇에 분량의 양념 재료를 넣어 골고루 섞는다.
5 절인 오이는 헹구지 말고 체에 밭쳐 물기를 뺀다.
6 ④의 그릇에 오이와 부추, 양파, 대파를 넣어 버무린다.

a

 임성근의 한끗!

- 씨가 많은 오이는 씨 부분을 잘라내야 무르지 않아 더 아삭하게 먹을 수 있습니다.
- 부추가 맛있는 봄이나 가을에는 오이를 2개로 줄이고 부추의 양을 늘려서 위와 같은 양념에 버무려 부추 겉절이로 만들어 드세요.

 1~12월   1시간 30분 1주일

시원한 맛이 일품 오이소박이 물김치

- 여름에는 오이로 물김치를 담가 시원하고 향긋함을 즐겨보세요. 오이 김치는 익을수록 무르기 쉬우니 먹을 만큼만 담그세요.

재료
다다기오이 … 5개
무 … 3cm 길이 1토막(약 80g)
양파 … ¼개
부추 … ½줌(15~20줄기)
홍고추 … 2개
천일염 … 약간

소금물
물 … 5컵
천일염 … ½컵

소 양념
찹쌀풀(p.28) … 1큰술
새우젓 … ½큰술
다진 마늘 … 1작은술
생강즙 … ⅓작은술

국물
물 … 5컵
고운 소금 … 1½큰술
대파 … 흰 부분 4~5cm
마늘 … 2쪽
생강 … 약간

1. 오이는 천일염으로 문질러 씻어 헹구고 양끝을 자른 뒤 길이를 4등분한다.
2. ①의 오이는 끝 부분에 1cm 정도를 남기로 열십자(+)로 칼집을 넣는다. (a)
3. 소금물에 오이를 넣어 1시간 정도 절이고 물에 가볍게 헹군 뒤 뜨거운 물을 자작하게 붓는다. 2~3분 정도 두었다가 찬물에 살짝 헹구고 체에 밭쳐 물기를 뺀다.
4. 무는 곱게 채 썬 뒤 길이를 3등분하고, 양파도 곱게 채 썰어 길이를 반으로 자른다.
5. 부추는 3cm 길이로 썰고, 홍고추는 반 갈라 씨를 제거하고 길이대로 곱게 채 썬 뒤 길이를 3등분한다.
6. 국물 재료 중 대파와 마늘, 생강은 모두 곱게 채 썬다.
7. 그릇에 ④, ⑤의 채소를 넣고 소 양념을 넣어 버무리는데, 새우젓은 손으로 으깨 넣는다.
8. 절인 오이에 ⑦의 소를 조금씩 채워 넣고 김치통에 차곡차곡 담는다.
9. 분량의 국물 재료를 섞은 뒤 ⑧의 김치통에 부은 다음 실온에서 하루 정도 숙성시킨 뒤 냉장고에 넣는다.

a

※ 오이 손질하는 방법은 오이소박이(p.109~110)를 참조하세요.

 임성근의 한끗!

- 오이는 심심하게 절이고, 국물은 약간 간간하게 간을 해야 오이가 무르지 않고 다 먹을 때까지 아삭아삭한 맛을 살릴 수 있어요.
- 오이를 절일 때는 오이가 떠오르지 않게 무거운 것을 올려 눌러두어야 골고루 절여져요.
- 국물을 매콤하게 먹고 싶을 때는 홍고추를 갈아 넣거나 고춧가루를 풀어 넣으세요. 홍고추를 넣을 때는 4~5개 정도 갈아 넣고, 고춧가루를 풀 때는 고운 고춧가루 3큰술을 따뜻한 물에 개어 풀어 넣으세요.

1~12월　1시간 30분　2주일

근사한데 쉬워요 고추소박이

• 살이 두꺼운 고추로 만들어야 맛있으니 아삭이고추를 사용하세요. 풋고추가 달고 맛있는 여름에는 풋고추로 만들어도 좋아요.

재료
아삭이고추 … 10개
(또는 풋고추 12~15개)
양파 … 20g(약 ⅛개)
당근 … 2㎝ 길이 1토막
부추 … 30g(약 7~8줄기)

양념
고춧가루 … 2큰술
까나리액젓 … 1큰술
설탕 … 1큰술
새우젓 … 1작은술
다진 마늘 … 1작은술

한꿋 김치 양념 3큰술

1　고추는 깨끗하게 씻은 뒤 꼭지를 떼고 끝부분 1.5㎝ 정도를 남기고 길게 칼집을 넣는다. (a)
2　양파는 가늘게 채 썰어 길이를 3등분 하고, 당근은 2㎝ 길이로 곱게 채 썬다. 부추도 2㎝ 길이로 썬다. (b)
3　분량의 양념 재료를 섞은 뒤 ②의 채소를 넣고 골고루 버무려 소를 만든다.
4　고추의 칼집 사이에 소를 채운 뒤 김치통에 담는다.
5　실온에서 하루 정도 숙성시키고 냉장고에 넣는다.

 임성근의 한꿋!

• 고추가 햇빛을 많이 보고 자라 맛이 깊어지고 아삭한 7~8월에 담근 고추소박이는 여름 입맛을 살리는 별미 김치입니다. 고추는 소금물에 절이지 말고 바로 담가야 아삭한 맛을 살릴 수 있어요.
• 고추가 뻣뻣하고 억셀 때는 소금물에 살짝 절이는데, 너무 오래 절이거나 절임물이 많이 짜면 고추가 질겨질 수 있으니 옅은 소금물에 살짝만 절이세요.
• 고추씨는 빼지 말고 그대로 두어야 매콤하고 알싸한 맛이 살아 맛있습니다.

다양한 채소 김치　121

1~12월　2시간　10일

자꾸만 손이 가는 고추소박이 물김치

- 물김치를 담글 때는 살짝 절여야 하는데 절이면 약간 질겨져요. 껍질이 두꺼우면 질기니 껍질이 얇은 고추를 선택하세요.

재료
아삭이고추 … 10개
(또는 풋고추 12~15개)
무 … ¼개
부추 … 30g
대파 … ½대
홍고추 … 1개

양념
배 … ¼개
양파 … ¼개
찹쌀풀(p.28) … ⅓컵
멸치액젓 … ¼컵
매실청 … 4큰술
고운 소금 … 1큰술
다진 마늘 … 1큰술
다진 생강 … ½작은술

국물
물 … 3컵
소금 … 1½큰술

1. 고추는 깨끗하게 씻은 뒤 꼭지를 떼고 끝부분 1.5cm 정도 남기고 길게 칼집을 넣은 다음 씨를 제거한다.
2. ①의 고추를 소금물에 담가 1시간 정도 절인다.
3. 무는 곱게 채 썰어 길이를 3등분하고, 부추는 3cm 길이로 썬다.
4. 대파는 3cm 길이로 잘라 곱게 채 썰고, ^(a) 홍고추는 길게 반 갈라 가운데 씨를 제거하고 길이를 3등분해서 곱게 채 썬다. ^(b)
5. 양념 재료 중 배와 양파는 껍질과 씨를 제거하고 믹서나 강판에 곱게 갈아 면포에 담고 꾹 짜서 즙을 낸 다음 나머지 양념을 섞는다.
6. 절인 고추는 물에 두 번 정도 헹구고 체에 밭쳐 물기를 뺀다.
7. ⑤의 양념에 무채, 대파 채, 홍고추 채, 부추를 넣고 섞어 소를 만든다.
8. 절인 고추의 칼집 넣은 사이에 ⑦의 소를 채워 넣고 ^(c) 김치통에 담은 뒤 분량의 국물을 붓는다.
9. 하루 정도 실온에서 숙성시킨 뒤 냉장고에 넣는다.

 임성근의 한끗!

- 고추소박이 물김치는 고추가 맛이 오르는 여름에 담가 먹으면 시원하게 입맛을 돋울 수 있는 반찬입니다.
- 여름에는 깻잎도 향이 한창 올라 맛있을 때니 소에 깻잎을 채 썰어 넣어도 좋습니다.
- 고추는 절이지 않고 물김치를 담가 오래 두면 무를 수 있으니 반드시 절여서 담그세요.

a

b

c

3~4월　1시간　3일

잠깐 맛보는 특별함 봄 부추김치

- 겉절이용 봄 부추는 짧고 부드러운 것이 좋아요. 숙성해서 먹을 때는 굵고 도톰한 것이 적당합니다.

재료
부추 … 1단(500g)
무 … ⅓개

양념
고춧가루 … ½컵
멸치액젓 … ½컵
밥풀(p.29) … ¼컵
통깨 … 3큰술
설탕 … 1큰술

한꿋 김치 양념 1⅔컵

1. 부추는 깨끗이 손질해서 흐르는 물에 씻고 물기를 턴 뒤 7㎝ 길이로 썬다.
2. 무는 부추와 비슷한 길이로 채 썬다.
3. 부추를 버무릴 큼직한 그릇에 분량의 양념 재료를 모두 넣어 섞고 부추와 무채를 넣어 가볍게 버무린 뒤 김치통에 담는다.
4. 하루 정도 숙성시킨 뒤 냉장고에 넣는다.

 임성근의 한꿋!

- 담가서 바로 먹을 때는 숙성하는 과정 없이 바로 냉장고에 넣고 익혀가며 드세요.
- 부추는 수분이 거의 없는 채소이므로 김치로 담가도 수분이 많이 생기지 않고 숨이 금방 죽기 때문에 절이는 과정 없이 바로 양념하는 게 좋아요.

다양한 채소 김치

9~11월   2시간 1주일

잠깐 맛보는 특별함 2 가을 부추김치

- 가을 부추는 봄 부추에 비해서 매운 맛이 강하고 뻣뻣하여 억세므로 김치를 담글 때는 절여서 담가야 부드러워요.

재료 부추 … 1단(500g)
무 … ⅓개
식초 … 1작은술

절임 양념
멸치액젓 … ½컵
매실청 … ½컵
물 … ½컵

양념 사과 … ½개
양파 … ¼개
마른 고추 … 3개
고춧가루 … ¾컵
찹쌀풀(p.28) … ¼컵
새우젓 … 1큰술
다진 마늘 … 1큰술
설탕 … ½큰술
다진 생강 … ¼큰술
고운 소금 … 1꼬집

한꼿 김치 양념 2큰술

1 부추는 흰 부분을 0.5㎝ 정도 잘라내고 (a) 깨끗이 손질해서 흐르는 물에 씻고 물기를 턴다.
2 그릇에 부추가 잠길만큼 물을 붓고 식초를 넣은 뒤 부추를 담가 살랑살랑 흔들어 씻고 체에 밭쳐 물기를 뺀다.
3 무는 0.7㎝ 두께로 연필 깍둑이 빗겨 썬다. (b)
4 부추가 모두 들어갈만한 그릇에 분량의 절임 양념을 붓고 부추를 절이는데, 뿌리 부분을 먼저 담가 15분 절인 뒤 전체를 담가 15분 더 절인다. 이때 한쪽에 무를 담가 함께 절인다.
5 절인 부추와 무는 체에 밭쳐 물기를 빼고, 절인 양념은 따로 둔다.
6 사과는 껍질과 씨를 제거하여 듬성듬성 썰고, 양파도 듬성듬성 썬다. 마른 고추는 반 잘라 미지근한 물에 담가 10분 정도 불린다.
7 ⑤의 부추를 절인 양념을 믹서기에 붓고 다진 마늘과 생강, 소금을 제외한 나머지 양념 재료를 함께 넣어 곱게 간다.
8 부추와 무에 ⑦의 양념을 부어 버무린 뒤 다진 마늘, 다진 생강, 소금을 넣어 살살 버무린다.
9 김치통에 무를 먼저 담고 그 위에 부추를 가지런히 담는다.
10 하루 정도 실온에서 숙성시키고 냉장고에 넣는다.

a

b

 임성근의 한꼿!

- 가을 부추는 뻣뻣한 흰 부분을 조금 잘라낸 뒤 절여서 김치를 담가야 부드러워요. 또한 식촛물에 헹구면 좀더 부드러워집니다.
- 무와 부추를 섞어서 김치통에 담으면 무에서 수분이 나와 양념이 씻길 수 있으니 무를 먼저 담고 부추를 위에 올리세요.

다양한 채소 김치

1~12월   1시간 30분   1개월

마성의 밥 반찬 쪽파김치

- 김치용 쪽파는 많이 두껍지 않고 흰 부분이 통통하지 않은 게 좋아요. 담가서 바로 먹으려면 맵지 않은 것을 선택하세요.

재료 쪽파 … 2kg

양념 밀가루풀(p.29) … 4큰술
굵은 고춧가루 … 1½컵
멸치액젓 … 1½컵
설탕 … 5큰술

1 쪽파는 잔뿌리를 자르고 깨끗이 손질한 뒤 흙이 없도록 깨끗이 씻고 물기를 완전히 뺀다.
2 쪽파가 들어갈 큼직한 그릇에 양념 재료를 모두 섞고 쪽파를 가지런히 하여 양념에 버무린 뒤 (a) 그대로 실온에 30분 정도 둔다.
3 쪽파의 숨이 죽으면 다시 한 번 골고루 버무리고 4~5줄기씩 묶는다. (b)
4 쪽파김치를 김치통에 담고 공기가 들어가지 않게 꼭꼭 누른 다음 2일 정도 실온에서 숙성시킨 뒤 냉장고에 넣는다.

a

b

 임성근의 한끗!

- 쪽파처럼 물기를 털기 쉽지 않은 채소는 넓은 채반에 널어 바람이 잘 통하는 곳에 두고 물기를 말리세요.
- 고운 고춧가루를 사용하면 텁텁하고 맛이 덜하므로 굵은 고춧가루를 사용하세요.
- 쪽파를 이리저리 휘저어 버무리면 엉켜서 꺼내 먹기 힘드니 가지런히 버무려 한 번에 먹기 좋게 4~5줄기씩 묶어서 김치통에 담으세요.

6월, 10월　　5시간　　6개월

대파의 맛있는 변신 대파김치

- 대파김치는 대파의 단맛이 깊어지는 6월과 10월에 담그기 좋아요. 여름 대파는 억세고 섬유질이 많아 김치용으로는 좋지 않습니다.

재료　대파 … 1단

양념　양파 … ½개
　　　　무 … 100g
　　　　굵은 고춧가루 … 1컵
　　　　멸치액젓 … ½컵
　　　　찹쌀풀(p.28) … ½컵
　　　　다진 마늘 … ½컵
　　　　흰물엿 … ½컵
　　　　새우젓 … 6큰술
　　　　다진 생강 … 1큰술

한끗 김치 양념 2컵

1. 대파는 손가락 굵기 정도의 너무 굵지 않는 것으로 준비해 뿌리를 자르고 깨끗이 손질한 뒤 흰 부분만 칼로 반 가른다.(a)
2. 대파가 다 들어갈만한 큼직한 그릇에 대파를 담고 흰 부분을 중심으로 멸치액젓을 부어(b) 4시간 정도 절인다. 중간에 한 번 뒤집는다.
3. 대파가 절여지면 체에 올려 물기를 빼고, 대파를 절인 멸치액젓은 따로 둔다.
4. 양파와 무는 듬성듬성 썰어 믹서에 곱게 간 뒤 나머지 양념과 ③의 멸치액젓을 섞어 김치 양념을 만든다.
5. ④의 양념에 대파를 넣고 골고루 묻혀 숨이 죽을 때까지 둔다.
6. 대파의 숨이 죽으면 2대씩 묶어 김치통에 담고 2일 정도 실온에서 숙성시킨 뒤 냉장고에 넣는다.

 임성근의 한끗!

- 대파김치는 쪽파김치와는 다른 특별한 맛이 있죠. 쪽파김치에 비해 아작하고 단맛이 훨씬 좋습니다.
- 억센 대파는 초록 잎에서 진액이 나와 맛을 해칩니다. 꼭 연한 대파를 사용하세요.
- 대파김치는 익으면 익을수록 단맛이 올라와 푹 익혀서 먹어야 훨씬 맛이 좋아요. 오래 두고 먹을 수 있는 것도 장점이죠. 싱거우면 맛이 없으니 양념을 짭짤하게 하세요.
- 대파를 비비면 진액이 나와 양념이 걸쭉해지니 대파에 묻히듯이 양념하세요.
- 대파김치는 고기 요리를 먹을 때 입맛을 깔끔하게 하고 탕이나 국에도 잘 어울립니다.

9~6월　 2시간 30분　 6개월

이렇게 쉬웠나? 갓김치

- 돌산갓은 일반 갓에 비해 크고 줄기가 두꺼우며 매운 맛도 강해요. 전라도식 갓김치는 돌산갓으로 담그는 게 맛있습니다.

재료　돌산갓 … 1단

소금물　물 … 3컵
　　　　천일염 … ½컵

양념　고춧가루 … 1컵
　　　찹쌀풀(p.00) … ½컵
　　　다진 마늘 … 4큰술
　　　멸치진젓 … 3큰술
　　　멸치액젓 … 2큰술
　　　설탕 … 2큰술
　　　다진 생강 … 1큰술

한꿋 김치 양념 4컵

1. 갓은 지저분한 잎을 떼어내고 줄기 끝에 흙이 없도록 물에 흔들어 씻는다.
2. 분량의 소금물에 갓을 담가 2시간 정도 절이는데, 중간에 한 번 뒤집어 골고루 절인다.
3. 절인 갓은 물에 한두 번 흔들어 헹구고 체에 밭쳐 물기를 뺀다.
4. 갓을 버무릴 큼직한 그릇에 분량의 양념 재료를 모두 넣어 섞고 절인 갓을 넣어 버무린 뒤 김치통에 가지런히 담는다.
5. 1~2일 정도 실온에서 숙성한 뒤 냉장고에 넣는다.

 임성근의 한꿋!

- 돌산갓은 줄기가 굵지만 연해서 오래 절이면 질겨지니 굵은 줄기가 휘어질 정도로만 절이세요.
- 갓이 맛있어지는 가을에는 청갓으로 김치를 담가도 맛있어요.
- 갓김치를 통에 담을 때 모양 그대로 가지런히 담아야 꺼내 먹기 좋아요.
- 막 담근 갓김치는 톡 쏘는 매운맛이 강하지만 푹 익으면 매운맛은 줄고 감칠맛이 돌아 아주 맛있습니다.
- 갓김치는 익히지 않고 먹어도 맛있으니 일부는 숙성시키지 말고 냉장고에 넣어도 좋습니다.

9~6월 2시간 2개월

톡 쏘는 시원함 갓 물김치

- 청갓은 돌산갓에 비해 줄기가 가늘고 연하며 톡 쏘는 매운 맛도 덜해요. 그래서 물김치는 청갓으로 담그는 게 좋죠.

재료
청갓 … 1kg
홍갓 … 1kg
무 … 500g(약 ½개)
연근 … 200g
대파 흰 부분 … 2대 분량
홍고추 … 3개
천일염 … 1컵

양념
배 … 1개
무 … 500g
새우젓 … 3큰술
다진 마늘 … 3큰술
찹쌀풀(p.28) … 2큰술
매실청 … 2큰술
다진 생강 … 1큰술

국물
물 … 2ℓ
고운 소금 … 3큰술

1. 갓은 지저분한 잎을 떼고 줄기 끝에 흙이 없도록 물에 흔들어 씻은 뒤 먹기 좋은 길이로 썬다.
2. 무는 1㎝ 두께, 4㎝ 길이의 막대 모양으로 썬다.
3. 무와 갓을 그릇에 담고 천일염을 뿌려 갓 줄기가 휘어질 정도로만 절이는데, 중간에 한두 번 위 아래를 뒤집는다.
4. 갓과 무가 절여지면 물에 한 번 헹구고 체에 밭쳐 물기를 뺀다.
5. 연근은 필러로 껍질을 벗기로 반 갈라 0.5㎝ 두께로 썬다. (a)
6. 대파는 어슷 썰고, 홍고추는 반 갈라 가운데 씨를 빼고 길이를 반 잘라서 곱게 채 썬다. (b)
7. 국물 재료 중 배는 껍질을 벗기고 씨를 잘라낸 뒤 듬성듬성 썰고, 무도 듬성듬성 썬다.
8. 믹서에 배, 무, 새우젓을 넣어 곱게 간 뒤 나머지 양념을 섞어 면포에 담는다.
9. 분량의 물에 ⑧의 면포를 넣고 주물주물해서 맛을 우려낸다.
10. 절인 갓과 무의 물이 빠지면 통에 차곡차곡 담고 연근을 넣는다.
11. ⑩에 ⑨의 물을 붓고 고운 소금으로 간을 맞춘 뒤 2일 정도 실온에서 숙성시켜 냉장고에 넣는다.

a

b

 임성근의 한끗!

- 갓 김치에 연근을 넣으면 맛이 잘 어울릴 뿐만 아니라 아삭아삭함도 좋고, 보기에도 고급스럽죠.
- 갓 물김치는 청갓만 사용해서 담가도 되지만 고춧가루가 들어가지 않은 맑은 국물이기 때문에 홍갓을 함께 넣으면 훨씬 보기 좋아요.
- 국물에 배만 갈아 넣는 것보다 무를 함께 갈아 넣으면 맛이 한층 더 시원해져요.

9~6월　🕐 1시간(쓴맛 우리는 시간 제외)　📦 6개월

만나기 어려운 귀한 맛 고들빼기김치

- 가을에만 잠시 나오는 귀한 고들빼기는 쌉싸름한 맛이 강해서 쓴맛을 우리고 김치를 담가야 해요. 뿌리가 크지 않고 연한 걸 고르세요.

재료
고들빼기 … 2단
당근 … 4㎝ 길이 1토막

소금물
물 … 10컵
천일염 … 1컵

양념
고춧가루 … ½컵
찹쌀풀(p.28) … ¾컵
멸치진젓 … 3큰술
멸치액젓 … 2큰술
다진 마늘 … 2큰술
설탕 … 2큰술
다진 생강 … 2작은술

한끗 김치 양념 1컵

1. 고들빼기는 누런 겉잎을 떼고 뿌리와 줄기 사이의 지저분한 부분을 칼로 도려내고 흙이 없도록 뿌리를 문질러가며 깨끗이 씻는다.
2. 고들빼기가 충분히 잠길만한 크기의 그릇이나 통에 고들빼기를 담고 분량의 소금물을 부은 다음 고들빼기가 뜨지 않게 무거운 것으로 누른다. 그늘지고 서늘한 곳에 두고 2~3일 정도 쓴맛을 우린다.
3. ②의 고들빼기를 깨끗한 물에 두 번 정도 헹군 뒤 체에 밭쳐 물기를 뺀다.
4. 당근은 4㎝ 길이로 곱게 채 썬다.
5. 고들빼기를 버무릴 그릇에 분량의 양념 재료를 모두 섞고 고들빼기와 당근을 넣어 버무린다.
6. 고들빼기김치를 통에 담은 다음 바로 냉장고에 넣는다.

 임성근의 한끗!

- 고들빼기는 억세면 질겨서 먹기가 불편하니 되도록 연한 것으로 고르세요. 잎이 연하면 뿌리도 연한 것이니 참고하세요.
- 고들빼기는 쓴맛이 굉장히 강해 다른 김치처럼 절여서 바로 담그면 써서 먹을 수 없습니다. 때문에 소금물에 담가 최소 이틀 정도 쓴맛을 우린 뒤 김치를 담그세요.
- 고들빼기김치는 무쳐서 바로 먹어도 맛있으니 김치를 담가서 바로 냉장고에 넣고 익혀가며 드세요.

다양한 채소 김치

> 콜라비는 단맛이 좋아 채 썰어 생채로 즐겨도 맛있다. 콜라비로 생채를 만들 때는 콜라비 1개를 깨끗이 씻어 가늘게 채 썰고, 고춧가루 3큰술을 넣고 버무려 붉게 물을 들인다. 여기에 다진 마늘 1큰술, 고운 소금과 설탕 2큰술씩, 다진 생강 ½큰술을 넣고 버무린 뒤 마지막에 대파 ⅓대를 어슷 썰어 넣는다.

콜라비 생채

콜라비 깍두기

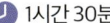 11~4월 · 1시간 30분 · 2주일

달콤하게 아삭아삭 콜라비 깍두기

- 제주에서 올라오는 보라색 콜라비는 섬유질과 영양소가 많아 건강에 좋은 채소지요. 단맛이 많아 김치뿐 아니라 샐러드로 먹어도 좋아요.

재료 콜라비 … 2개
쪽파 … 6~7줄기

소금물 물 … 2컵
천일염 … 3큰술

양념 찹쌀풀(p.28) … ½컵
고춧가루 … 7큰술
까나리액젓 … 5큰술
다진 마늘 … 4큰술
설탕 … 3큰술
고운 소금 … 2큰술
다진 생강 … 1큰술

1 콜라비는 껍질을 두껍게 벗겨내고,(a) 사방 3㎝ 크기로 깍둑 썬다.(b)
2 분량의 소금물에 ①의 콜라비를 담가 1시간 정도 절인 뒤 체에 밭쳐 물기를 뺀다.
3 쪽파는 4㎝ 길이로 썬다.
4 절인 콜라비의 물기가 빠지면 큼직한 그릇에 담고 고춧가루를 넣어 골고루 버무린다.
5 콜라비에 고춧가루의 빨간 물이 골고루 들면 설탕을 제외한 나머지 양념을 넣어 버무린다.
6 양념이 골고루 버무려지면 쪽파와 설탕을 넣어 가볍게 버무리고 김치통에 담는다.
7 하루 정도 실온에서 숙성시킨 뒤 냉장고에 넣는다.

 임성근의 한끗!

- 콜라비의 껍질은 단단하고 섬유질이 많아 두껍게 벗겨내고 깍두기를 담그는 게 먹기 좋아요. 하지만 생채를 담글 때는 가늘게 채를 써니 껍질을 벗기지 않아도 됩니다.
- 콜라비는 단맛이 많은 채소이니 양념에 설탕을 적게 넣어도 됩니다.

깔끔 시원한 콜라비 물김치

- 섬유질이 많은 껍질을 두껍게 벗기고 김치를 담가야 부드럽게 먹을 수 있어요. 껍질까지 사용할 때는 가늘게 채 썰거나 얄팍하게 써세요.

재료 콜라비 … 2개
쪽파 … 5줄기
청양고추 … 2개
홍고추 … 1개
천일염 … 1큰술

국물 배 … ¼개
마늘 … 4쪽
생강 … 1쪽
물 … 6컵
찹쌀풀(p.28) … 3큰술
고운 소금 … 2큰술
설탕 … 1큰술

1. 콜라비는 껍질을 벗기고 (a) 사방 3㎝ 크기로 나박 썬 (b) 뒤 천일염을 골고루 뿌려 1시간 30분 정도 절인다.
2. 쪽파는 깨끗이 손질해서 4㎝ 길이로 썰고, 고추는 모두 어슷 썬다.
3. 배는 껍질과 씨를 제거해 믹서에 넣고 마늘, 생강을 함께 넣어 곱게 간다.
4. 김치통에 절인 콜라비와 콜라비 절인물을 함께 담고 쪽파와 고추를 넣는다.
5. 분량의 물에 찹쌀풀을 풀어 ④에 붓는다.
6. ⑤의 국물에 ③을 고운 체에 담아 걸러가며 맛을 우리고 고운 소금과 설탕을 넣어 간을 맞춘다.
7. 반나절 뒤 국물의 간을 다시 맞추고 2일 정도 실온에서 숙성시킨 뒤 냉장고에 넣는다.

임성근의 한끗!

- 콜라비는 식감이 단단해서 나이 드신 어른이나 이가 약한 사람이 먹기에 불편할 수 있어요. 그럴 때는 두껍게 썰지 말고 얄팍얄팍하게 썰어서 담그세요.

한끗 쉬운
장아찌

농가월령가 7월령에 보면 '외(오이) 가지 짜게 절여 겨울에 먹어 보소 귀물이 아니될 가'라는 가사가 있습니다. 여름에 풍성한 채소로 겨울 반찬을 미리 준비하라는 얘기지요. 장아찌는 우리의 전통 저장 음식으로 제철에 나오는 싱싱한 채소로 장아찌 한두 가지 만들어 두면 두고 두고 먹는 반찬으로 그만이죠. 입맛 없을 때나 찬거리가 부족할 때 상에 내놓기 좋습니다.
사시사철 먹을거리가 풍성한 지금과는 달리 먹을거리가 귀했던 옛날에는 채소가 나지 않는 겨울을 대비해 밥반찬으로 장아찌를 담가 두었습니다. 이처럼 장아찌는 선조 때부터 우리 밥상을 넉넉하고 맛깔스럽게 만든 지혜로운 반찬입니다.

전통 방식의 장아찌는 염장이 기본입니다. 우선 채소를 소금에 푹 절여 삼투압 작용을 이용해 수분을 뺍니다. 그리고 다른 양념을 더하지 않은 간장, 된장, 고추장에 박아 넣어 아주 짭짤하게 절였습니다. 하지만 사람들의 입맛이 점점 바뀜에 따라 간장 장아찌를 담글 때 식초와 설탕을 넣어서 새콤달콤한 맛을 내게 되었습니다. 이 책에서도 새콤달콤하면서 짜지 않은 간장 장아찌와 소금 장아찌 레시피를 소개합니다.

고추장과 된장을 이용한 장아찌는 소금 장아찌나 간장 장아찌에 비해 만드는 방법이 어렵고 까다로워요. 채소의 수분이 빠지면서 절임장에 섞이면 장아찌가 상할 우려가 있으니 따라내 끓이는데, 고추장과 된장은 끓일 수가 없으니 절임 채소의 수분을 최대한 빼야 합니다. 채소를 절여서 꾸덕꾸덕하게 말린 후 고추장이나 된장에 박아 두죠. 오래 두고 먹을 장아찌는 장을 두세 번 갈아야 상하지 않으니 만드는 방법이 번거롭고 초보자는 실패할 확률이 높아 이 책에서는 소개하지 않았습니다.

간장과 소금으로 장아찌를 만드는 방법은 아주 쉬워요. 책 속 레시피대로 간장이나 소금을 기본으로 하여 새콤달콤한 절임장을 만드세요. 그리고 채소에 부어 절이기만 하면 됩니다. 알싸하고 매콤한 마늘, 고추, 양파 장아찌는 기본이고, 봄부터 겨울까지 제철 채소를 활용한, 임성근 선생님의 쉬운 노하우가 담긴 다양한 장아찌를 만들어 즐겨보세요.

장아찌 초보가 묻고 임성근 선생님이 답해요

장아찌를 담그기 전에 준비해야 할 것이 있나요?
"재료는 물기를 제거해 두고, 보관 용기는 소독하세요."

재료 손질 후 표면에 남아 있는 물기를 없애고 장아찌를 담가야 쉽게 상하지 않아요. 장아찌 절임장에 기포가 뽀글뽀글 올라오면 상한 것입니다. 절임장이 상하면 시큼한 맛이 나거나 심하면 곰팡이가 생기기도 합니다.
장아찌를 보관할 용기도 미리 준비하는 게 좋습니다. 세균과 곰팡이로부터 안전하게 보관하려면 용기는 열탕 소독을 하거나, 열탕 소독이 어려운 것은 35% 이상의 증류주로 알코올 소독을 미리 해 둡니다.

고추나 잎채소는 물기를 일일이 제거하기가 쉽지 않아요.
"채반에 널어서 바람이 잘 통하는 곳에서 물기를 말리세요."

깻잎 100장의 물기를 일일이 제거하기는 어렵죠. 채소 탈수기를 이용해 물기를 털거나 혹은 손으로 최대한 툭툭 턴 뒤 채반에 널어 잠시 바람이 잘 통하는 곳에 두고 물기를 말리세요. 고추는 깨끗한 마른 행주나 키친타월로 닦으면 됩니다. 잎채소에 묻은 약간의 물기는 장아찌를 담그는 데 크게 방해가 되지는 않습니다.
장아찌 보관 시 채소의 물기로 인해 절임장에 콩알만한 거품이 생길 때는 바로 절임장을 따라내서 한소끔 끓인 다음 식혀서 다시 부으세요.

절임장을 끓여서 다시 붓는 이유는 무엇인가요?
"수분이 많은 채소는 절여지면서 수분이 빠져 절임장이 상할 수 있기 때문입니다."

무, 오이, 참외처럼 수분이 많은 채소로 장아찌를 담그면 절임장을 중간에 두어 번 다시 끓여 붓는 게 좋습니다. 재료의 수분이 빠져나와 절임장에 섞이면 염도가 낮아지고 미생물이 번식해 장아찌가 상할 수 있기 때문입니다. 장아찌를 담그고 3일 정도 후에 절임장만 따라내서 팔팔 끓인 뒤 식혀서 부으세요. 이 과정을 3일 간격으로 3회 정도 반복합니다. 반면 깻잎이나 곰취처럼 수분이 거의 없는 잎채소는 절임장을 굳이 끓여 붓지 않아도 됩니다.
오이, 참외, 고추처럼 껍질이 두꺼운 채소는 절임장을 끓여서 바로 부어야 아삭함이 한결 살아나요. 마늘, 생강, 고추 등의 맛을 장아찌에 더하고 싶다면 절임장에 이런 부재료를 넣고 끓여서 부어야 향과 맛이 절임장에 잘 우러나요.

절임장을 따라내서 다시 부을 때는 꼭 3일 간격으로 3회 해야 하나요?
"이렇게하면 수분이 많은 채소로 만든 장아찌일지라도 상하지 않습니다."

장아찌 초보들을 위한 기준으로 제시한 것 입니다. 기간이나 횟수가 중요한 건 아닙니다. 5일 간격 혹은 일주일 간격으로 2회 또는 3회 절임장을 따라내어 끓여서 다시 부어도 됩니다. 채소가 지니고 있는 수분 함량의 차이에 따라 다른 것이죠. 하지만 장아찌를 처음 담그는 초보자들은 이것을 가늠하기가 어려울 겁니다.

수분이 많은 채소는 보통 3일 정도 되면 수분이 많이 빠지기 때문에 절임장을 다시 끓여 붓는 과정을 3일 간격으로 3회 반복하면 채소의 수분이 거의 빠진 상태가 되므로 상할 염려를 덜 수 있어요.

간장 절임장에 물을 넣는 이유는 무엇인가요?
"오래 두고 먹을 장아찌는 짠맛이 강할 수 있어 물로 염도를 조정합니다."

오래 숙성해야 하는 장아찌를 간장만으로 염도를 맞추면 짠맛이 너무 세지므로 물을 섞어서 염도를 낮춰야 합니다. 반면 담가서 2~3일 정도만 숙성한 뒤 바로 먹는 장아찌는 절임장에 물을 섞지 않고 간장과 설탕, 식초만으로 맛을 잘 조율하면 짜지 않게 즐길 수 있습니다.

간장 장아찌를 담글 때 국간장을 사용해도 될까요?
"국간장은 진간장보다 색이 연하고 짜며 감칠맛은 좋지만 풍미는 떨어지니 채소의 특성에 따라 선택해서 사용하는 게 좋아요."

국간장은 감칠맛이 좋지만 진간장에 비해 풍미는 떨어져요. 장아찌가 숙성되면서 채소에서 수분이 빠지는데, 그 수분에는 각각의 채소가 지니고 있는 감칠맛이 있기 때문에 굳이 국간장을 쓸 필요는 없지요. 절임장을 끓이지 않고 만드는 잎채소 장아찌 혹은 담가서 2~3일 안에 먹을 장아찌는 색이 연하고 짠맛이 강한 국간장과 진간장을 섞어서 만들어도 됩니다.

간장 장아찌와 소금 장아찌에 어울리는 재료가 따로 있나요?
"어울리는 재료가 따로 있는 것은 아니지만 계절과 입맛에 맞게 선택하면 됩니다."

간장 장아찌는 채소와 간장의 풍미를 살려 감칠맛으로 먹고, 소금 장아찌는 깔끔한 맛으로 먹지요. 무, 오이, 양파처럼 덩어리가 있는 재료는 간장, 소금 모두 잘 어울려요. 잎채소는 소금보다 간장이 더 잘 어울리고요. 어떻게 활용할 것인지에 따라 소금 장아찌로 할지, 간장 장아찌로 할지 선택하면 됩니다. 예를 들어, 소금 고추장아찌(고추지)는 동치미에 넣거나 다져서 국물 요리에 활용할 수 있지만 간장 고추장아찌는 양념해서 반찬으로 먹는 것 외에는 활용도가 없어요. 그러니 기호나 활용도에 따라 선택하세요.

장아찌를 다양한 맛으로 즐길 수 있는 방법이 있나요?
"절임장에 향신채를 넣거나 맹물 대신 멸치 다시마국물을 넣으세요."

기호에 따라 생강과 마늘 등의 향신채를 넣으면 한결 향이 좋아져요. 매콤한 맛을 좋아한다면 청양고추를 몇 개 썰어 넣어도 좋지요.
간장 장아찌를 담글 때는 멸치를 볶다가 물을 붓고 다시마를 더해서 한소끔 끓여 멸치 다시마국물을 만들어 넣으면 감칠맛이 좋아집니다. 감칠맛을 더하기 위해 액젓을 넣기도 하는데, 비린 맛이 날 수 있으니 액젓이 들어가는 절임장은 반드시 끓여서 준비하세요. 이 책 24쪽에서 소개한 '저염 액젓'을 만들어 사용하면 더 좋습니다.

1년 이상 오래 두고 먹을 장아찌의 보존력을 높이는 방법이 있을까요?
"소주를 절임장에 섞고, 일정 기간이 지나면 절임장을 따라내어 끓여서 다시 부으세요."

마늘장아찌나 고추장아찌처럼 6개월 혹은 1년 이상 두고 먹을 장아찌는 보존력을 높여야 상하지 않아요. 이럴 경우 절임장에 방부 역할을 하는 소주를 넣으면 도움이 되며 아삭함도 더 살아납니다. 절임장을 한소끔 끓인 뒤 불을 끄고 소주를 섞은 다음 재료가 잠기도록 부으세요.
절임장을 따라내어 끓이고 식혀서 다시 붓기를 3일 간격으로 3회 반복하고 그 이후에는 1개월, 3개월, 6개월 간격으로 하세요. 이렇게 해야 처음처럼 절임장의 염도가 맞춰져 저장 기간을 늘릴 수 있을 뿐 아니라 장아찌의 맛도 깊어집니다.

장아찌로 만들면 안 되는 재료도 있나요?
"채소는 무엇이든 가능합니다."

채소는 어떤 것이든 장아찌로 담글 수 있다고 보면 돼요. 상추나 열무로도 장아찌를 담글 수 있거든요. 뿌리채소인지 잎채소인지 혹은 껍질이 단단한 것인지 아닌지 등 재료에 맞게 절임장을 만들고, 끓여서 부을지 아니면 그냥 부을지 그리고 어떻게 보관을 해야할지, 재료에 맞게 어떻게 만드냐의 문제죠.

장아찌에는 꼭 천일염을 사용해야 하나요?
"네, 입자 크기에 상관없이 천일염을 사용하는 게 좋습니다."

장아찌뿐 아니라 모든 요리에는 천일염을 기본으로 사용하는 게 좋습니다. 장아찌가 절여지는 동안 소금은 어차피 녹으니 입자의 크기는 상관없지만 천일염을 사용하는 게 좋지요. 천일염 대신 고운 소금을 사용해도 되지만 맛소금이나 그 외의 소금은 사용하지 마세요.

간장 장아찌의 새콤달콤함과 짠맛은 입맛 따라 조절해도 되나요?
"간장과 설탕, 식초는 각각의 역할이 있으므로 비율에 맞게 사용하는게 좋아요."

간장, 식초, 설탕은 맛뿐만 아니라 각각 들어가는 이유가 있기 때문에 식초가 줄면 간장의 분량도 줄어야 하고, 간장의 분량이 줄면 설탕도 줄어야 합니다. 기호에 따라 아주 약간의 조절은 가능하지만 균형 있는 맛을 만들기 위해서는 전체 레시피 조정이 필요하기 때문에 책에 제시한 비율에 맞게 담그는 게 좋습니다.

장아찌를 만들 때 무거운 것을 올려 두는 이유는 무엇인가요?
"산패를 방지하고 아삭하게 절이기 위해서 입니다."

대부분 장아찌를 잘 절이기 위해 무거운 것을 올려 둔다고 생각하는데, 채소는 절임장에 반만 잠겨 있어도 염분을 흡수해 잘 절여집니다. 무거운 것을 올려 두는 이유는 절여지는 채소가 둥둥 떠서 공기 중에 노출되는 것을 막기 위해서랍니다. 산소와 만나면 채소가 산패되어 장아찌 전체를 오염시키기 때문이죠. 절임장에 채소가 잠겨야 더 아삭하기도 하고요.

장아찌를 담을 용기는 어떤 걸 사용해야 하나요?
"유리나 스테인리스 재질이 좋고, 장아찌 양에 비해 너무 큰 통은 피하세요."

장아찌는 저장 음식인 만큼 신선함을 오래 유지하는 게 중요합니다. 냉장보관에 앞서 저장하는 용기도 중요한데, 무엇보다 공기와 접촉이 덜 되도록 밀폐력이 좋은 용기를 선택하세요. 장아찌는 호기성 식품이므로 공기와의 접촉이 많아지면 그만큼 변질되기 쉽습니다. 되도록 뚜껑에 고무패킹이 달린 유리나 스테인리스 용기를 사용하는 게 좋아요. 장아찌 양에 비해 너무 큰 통보다는 절임장 위로 5㎝ 이하의 여유가 있는 용기에 담는 게 좋습니다.

장아찌로 만드는 밥도둑 반찬을 알려주세요.
"간장 장아찌는 참기름과 통깨만 넣어 무쳐도 맛있고, 소금 장아찌는 갖은 양념에 무치세요."

장아찌는 그대로 먹어도 맛있지만 양념을 하면 또 다른 반찬이 되죠. 별도의 간은 필요하지 않아요. 오이나 참외, 무, 버섯 간장 장아찌는 얇게 썰어 참기름과 통깨만 넣어 무쳐도 아삭하면서 고소해져 담백한 맛이 아주 일품이에요. 오이지나 고추지, 깻잎지는 다진 파와 마늘을 넣은 갖은 양념에 무치면 밥도둑이 따로 없죠.

간장 장아찌 국물이 남았을 때 다시 채소를 넣어 절여도 될까요?
"안 되는 건 아니지만 처음 그 맛은 절대 낼 수 없습니다."

장아찌 국물이 남은 경우 그 국물에 다시 채소를 넣어 절이는 경우가 꽤 있는데, 재료에서 나온 수분과 맛에 의해 장아찌 국물은 처음과 같지 않아요. 다시 채소를 넣어도 본래의 맛은 낼 수 없습니다. 그리고 채소의 수분이 장아찌 국물에 이미 빠진 상태이기 때문에 염도가 맞지 않아 상할 수도 있습니다.

남은 간장 장아찌 국물을 활용할 수 있는 방법을 알려주세요
"채소 겉절이나 간장 비빔국수 양념으로 활용하세요."

쇠고기나 돼지고기 구이를 먹을 때 채소 겉절이를 함께 먹으면 입맛도 살고 고기의 느끼함도 잡아주죠. 이때 간장 장아찌 국물을 활용해 보세요. 고춧가루만 살짝 넣어도 되고, 참기름과 통깨까지 함께 넣으면 더 맛있습니다. 장아찌 국물에 겨자를 살짝 풀어 고기 찍어 먹는 소스로 활용해도 좋아요. 간장 비빔국수 양념으로도 좋지요. 장아찌 국물에 다진 마늘, 참기름, 통깨를 조금씩 넣어 양념을 만듭니다. 간이 부족하면 간장으로 간을 맞추면 됩니다. 샐러드 드레싱 등으로 활용할 수도 있어요.

입맛 돋우는 장아찌 담그기 기본 준비

절임장 기본 재료

장아찌의 핵심인 절임장을 만드는 기본 재료를 알아보자. 짠맛이 나는 간장 또는 소금이 주재료이며 단맛을 내는 설탕과 새콤한 맛을 내는 식초 등이 있다. 각각의 재료는 맛을 내는 것뿐만 아니라 장아찌의 보존력과 저장성을 높이는 역할도 한다.

간장

간장, 소금, 된장, 고추장을 이용해서 장아찌를 담그는데, 이는 짭짤한 염도에 의해 재료의 보존력을 높이기 위함이다. 이 중 우리가 가장 수월하게 담가 먹을 수 있는 장아찌는 간장을 이용한 것이다. 간장은 소금에 비해 감칠맛이 좋고, 다른 재료를 더해 맛을 내기도 쉽다. 진간장이나 국간장, 양조간장 등 다양한 간장으로 장아찌를 담그는데, 이 책에서는 구하기 쉬운 양조간장을 기본으로 사용했다.

소금

깔끔한 맛을 원할 때는 소금으로 장아찌를 담근다. 소금은 미네랄이 풍부한 천일염을 사용해야 맛이 좋고 보존력도 좋아진다. 오이, 고추, 깻잎, 마늘처럼 소금의 삼투압 작용을 이용해 수분을 빼고 푹 절여서 먹는 장아찌, 양념을 더해서 먹을 장아찌는 간장보다는 소금으로 만드는 게 낫다.

설탕

보존력을 높이는 저장법에는 염장도 있지만 매실장아찌를 만드는 것처럼 설탕을 이용한 당장이 있다. 장만으로 아주 짜게 절이는 전통 장아찌가 아닌 새콤달콤하게 만드는 요즘의 장아찌에서 설탕의 역할은 단맛을 내는 것은 물론이고 보존력을 높이는 방부 역할까지 하기에 매우 중요한 재료라고 할 수 있다.

매실청

장아찌에 매실청을 넣는 것은 감미료의 역할보다는 매실의 산도와 향을 더하기 위해서이다. 식초와 마찬가지로 매실청의 산도는 미생물의 번식을 억제해 장아찌의 저장성을 높인다. 그다지 향이 없는 채소로 만드는 장아찌에 맛과 은은함을 더하고 싶다면 설탕과 매실청을 함께 넣어 풍미를 살린다.

식초

장아찌에 새콤한 맛을 내는 것과 동시에 미생물의 번식을 억제한다. 담가서 오래 저장해 두지 않고 바로 먹는 장아찌에 식초를 넣으면 재료가 금방 절여진다. 식초를 많이 넣으면 특유의 비린맛이 날 수 있는데, 이때는 2배 혹은 3배 식초처럼 강한 식초를 사용해서 양을 줄이는 게 좋다.

빙초산

많은 양의 장아찌를 담글 때 사용한다. 식초의 양이 많으면 특유의 비린 맛이 날 수 있다. 이럴 때는 식초와 함께 빙초산을 섞어 사용하면 식초 비린내가 나지 않으며 장아찌도 무르지 않는다. 빙초산을 사용하지 않을 때에는 3배 식초로 대신해도 되지만 코를 찌를 듯 강한 산성의 빙초산과 식초는 엄연히 다르기 때문에 맛 차이는 날 수 있다. 빙초산으로 담근 장아찌가 한결 깔끔하고 깨끗한 맛을 낸다.

용기 소독 & 탈기

장아찌는 오래 두고 먹는 반찬인 만큼 저장이 중요하다. 저장을 잘못하면 미생물이 번식하여 상할 수 있기 때문이다. 장아찌를 보관하는 용기는 유리나 스테인리스 재질이 적합하다. 장아찌 보관 용기를 소독하는 방법과 미생물의 번식을 최소화하는 탈기 방법을 모두 소개한다.

열탕 소독

- 장아찌를 담을 용기가 충분히 들어갈 만큼 큼직한 냄비에 용기를 엎어서 넣는다.
- 용기가 잠길만큼 물을 넉넉하게 부어 끓여서 소독한다.
- 물이 팔팔 끓으면 중불로 줄여 6~8분 정도 끓인다.
- 용기를 소독하는 동안 깨끗한 면포를 깔고 그 위에 식힘망을 놓아둔다.
- 끓는 물에서 용기를 꺼내 식힘망 위에 거꾸로 올려 물기를 완전히 제거한다.
- 용기가 마르는 동안 뚜껑도 끓는 물로 소독하는데, 뚜껑은 변형의 위험이 있으니 30초~1분 정도만 끓인 뒤 건져서 말린다.

알코올 소독

열탕 소독이 불가능한 크기나 재질의 용기는 알코올 도수가 최소 35% 이상인 증류주로 소독해야 효과가 있다.

- 깨끗한 면포에 증류주를 충분히 적셔서 용기와 뚜껑을 꼼꼼하게 닦는다.
- 식힘망 위에 뒤집어서 놓고 알코올을 날린다.

탈기

탈기는 용기 속의 공기를 빼는 과정을 말한다. 용기 속에 산소를 최소화하면 호기성 세균의 번식을 억제해 장아찌의 맛과 색이 변질되는 것을 막아 저장 기간을 늘릴 수 있다.

- 탈기는 병을 뒤집어 두는 방법과 뚜껑을 열고 중탕하는 방법이 있는데, 장아찌는 병을 뒤집어 두는 방법이 적합하다.
- 저장용기에 장아찌를 담은 뒤 뚜껑을 꽉 닫고 그대로 뒤집어서 한 김 식힌 뒤 다시 세워 보관한다.

한끗 장아찌 절임장

절임장 하나만 제대로 만들 줄 알면 사시사철 나오는 영양 가득 맛 좋은 식재료로 다양한 장아찌를 만들 수 있다. 손질한 재료를 용기에 담고 절임장만 부으면 사실상 완성과 다름없기 때문이다. 임성근 선생님의 노하우를 담은 한끗 장아찌 절임장을 배워보자.

이렇게 활용하세요

총량 12~13컵

보관 김치냉장고에서 6개월

재료 물 … 1.25ℓ
　　　간장 … 1ℓ
　　　설탕 … 350g
　　　매실청 … 225g
　　　식초 … 50g
　　　빙초산 … 25g

1. 준비한 재료를 모두 냄비에 넣어 끓인다.
2. 팔팔 끓어오르면 불을 끄고 한 김 식힌다.

잎채소 장아찌

달래, 미나리, 부추, 깻잎 등의 잎채소를 물기 없이 손질해서 용기에 담고 한끗 장아찌 절임장을 자작하게 부어 3일 정도 절였다가 먹는다. 일주일 정도 지나면 가장 맛이 좋다.

열매 & 뿌리 채소 장아찌

오이, 고추, 토마토 등의 열매 채소나 무, 마늘, 양파 등의 뿌리 채소를 손질해서 용기에 담고 한끗 장아찌 절임장을 자작하게 부어 절인다. 단, 절여지면서 채소에서 수분이 나와 그대로 두면 변질될 수 있다. 절인 뒤 3일째 되는 날 절임장을 따라내서 한소끔 끓이고 뜨겁지 않게 식혀 붓기를 3일 간격으로 3회 정도 반복해야 오래 두고 먹을 수 있다.

01
간장 장아찌

전통 방식의 장아찌는 제철에 나는 채소를 일 년 내내 두고 먹을 수 있게 간장, 고추장, 된장 등의 장에 푹 박아 넣어 짭짤하게 만들었지요. 하지만 현대를 살아가는 우리는 짠 것을 선호하지 않고 요즘의 다양한 먹을거리와도 잘 어울리는 맛을 찾다 보니 새콤달콤함이 더해진 초절임 장아찌로 바뀌었어요.

임성근 선생님이 소개하는 간장 장아찌는 누가 먹어도 부담스럽지 않도록, 짜지 않게 만든답니다. 그렇기에 제철에 나오는 채소의 고유한 맛과 향도 한결 잘 느낄 수 있죠. 입맛 없는 날 밥 한 술 물에 말아 장아찌 한 점으로 입맛 돋우는 즐거움을 느껴보세요.

156 장아찌

🛒 2~3월   🕐 2시간   📦 2개월

식감이 일품 풋마늘장아찌

- 햇마늘이 나오기 전 봄에만 잠시 나오는 풋마늘은 식감이 아작아작하지만 초록 잎은 질기니 잘라내고 장아찌를 담그세요.

재료 풋마늘 … 1kg

절임장 물 … 2컵
  간장 … 2컵
  식초 … 2컵
  고추씨 … 1컵
  설탕 … 1컵
  매실청 … 1컵
  소주 … 1컵
  생강 … 2쪽

한꿋 장아찌 절임장 1.5ℓ

1 풋마늘은 잔뿌리(a)와 초록의 억센 잎을 잘라내고(b) 깨끗이 씻은 뒤 물기를 닦아 4㎝ 길이로 썬다.
2 면포에 고추씨를 넣고 생강을 편으로 썰어 면포에 함께 넣는다.
3 냄비에 물과 간장, 식초를 붓고 ②를 함께 넣어 끓인다.
4 한소끔 끓으면 불을 약하게 줄여 10분 정도 끓인 뒤 면포는 건져내고 간장물은 뜨겁지 않은 정도로 한 김 식힌다.
5 ④의 간장물에 설탕과 매실청, 소주를 넣고 설탕을 녹인다.
6 용기에 손질한 풋마늘을 담고 ⑤의 절임장을 부은 뒤 뚜껑을 꼭 닫아 냉장 보관한다.
7 3일 정도 절인 뒤 먹기 좋게 썰어서 낸다.

 임성근의 한꿋!

- 풋마늘이 막 나오기 시작하는 3월의 연한 풋마늘로 담가야 부드럽습니다. 늦은 봄에 나오는 억센 풋마늘은 식감이 질겨요.
- 초록 잎은 억세고 질기며 장아찌를 담그면 누렇게 변하니 잘라내고 줄기만 사용하세요. 잎은 살짝 데쳐 간장을 넣은 갖은 양념으로 무쳐서 반찬으로 먹으면 됩니다.
- 절임장을 만들 때 고추씨를 넣으면 칼칼하고 깔끔한 맛을 살릴 수 있습니다.

1~12월 2시간 1주일

산뜻하고 향기롭다 미나리장아찌

- 미나리는 향긋함이 좋아서 장아찌를 담그기 참 좋은 재료예요. 이파리는 식감이 질기니 줄기만 사용하세요.

재료 미나리 … 1단
청양고추 … 6~7개

절임장 물 … 1½컵
간장 … 1컵
식초 … ½컵
설탕 … 4큰술

한끗 장아찌 절임장 3컵

1 미나리는 잎을 떼고 줄기만 준비해서 깨끗이 씻어 물기를 닦은 뒤 6㎝ 길이로 썬다.
2 청양고추는 반 갈라 씨를 빼고 채 썬다. (a)
3 분량의 절임장 재료를 한데 섞어 설탕을 잘 녹인다.
4 용기에 미나리와 고추 채를 담고 ③의 절임장을 부은 뒤 재료가 뜨지 않게 꼭꼭 누른다.
5 냉장고에 넣고 하루 정도 절였다가 먹는다.

a

 임성근의 한끗!

- 장아찌용 미나리는 봄에 나는 연하고 향이 좋은 미나리를 사용하세요.
- 청양고추는 칼칼하고 매콤한 맛을 내는데, 매운 맛을 좋아하지 않으면 빼도 됩니다. 미나리만 담글 때도 절임장 분량은 같습니다.

두릅장아찌

두릅장아찌 100g을 준비해서
물기를 살짝 짜고
다진 파·고춧가루·물엿 1큰술씩,
다진 마늘·깨소금·참기름
1작은술씩 넣어 무친다.

두릅장아찌 무침

3~4월　2시간　1개월

봄날에 잠깐 두릅장아찌

- 3~4월 사이에 잠깐 나오는 대표 봄나물인 두릅을 장아찌로 담가두면 일년 내내 먹을 수 있어요. 참두릅, 개두릅 모두 좋습니다.

재료
두릅 … 1kg
소금 … 약간

절임장
마른 고추 … 3개
대파 … 1뿌리
마늘 … 10쪽
물 … 3컵
간장 … 2컵
액젓 … ½컵
설탕 … ½컵
식초 … ½컵

한끗 장아찌 절임장 5컵

1. 두릅은 어리고 연한 것으로 준비해서 끝 부분의 단단한 줄기를 자르고 흐르는 물에 헹군다.
2. 끓는 물에 소금을 약간 넣어 팔팔 끓으면 두릅을 넣고 30초 정도 데친다.
3. 데친 두릅은 바로 찬물에 헹구고 물기를 닦은 뒤 채반에 널어 반나절 정도 두고 표면의 수분이 날아갈 정도로 말린다.
4. 마른 고추와 대파는 3등분하고, 마늘은 칼면으로 눌러 대강 으깬다.
5. 냄비에 절임장 재료를 모두 넣어 한소끔 끓으면 불을 약하게 줄인다. 10분 정도 더 끓인 뒤 불을 끄고 한 김 식힌 다음 건더기를 건져낸다.
6. ③의 두릅을 용기에 차곡차곡 담고 ⑤의 절임장을 부은 뒤 뜨지 않게 무거운 것을 올려 둔다.
7. 냉장고에 보관하고 일주일 뒤부터 먹는다.

 임성근의 한끗!

- 두릅은 특유의 맛과 향이 아주 좋은 산나물이죠. 3~4월에 잠시 나왔다가 들어가니 두릅이 나오는 계절에 꼭 한 번 담가보세요.
- 두릅은 잎이 피지 않은 짧고 연한 것을 골라서 담가야 식감이 좋습니다.
- 두릅은 생 것으로 장아찌를 담그면 쓴맛이 나고 뻣뻣할 수 있으니 끓는 소금물에 살짝 데치세요.
- 두릅에 물기가 있으면 장아찌가 상하기 쉽고 두릅이 무를 수 있으니 데친 뒤 반나절 정도 바람이 잘 통하는 곳에 널어 표면의 수분을 모두 날린 뒤 장아찌를 담가야 합니다.

3월, 11~12월   2시간   3개월

사각사각 시원한 돼지감자 장아찌

- 울퉁불퉁한 감자처럼 생긴 돼지감자는 모양도 크기도 제각각인 뿌리채소에요. 감자보다 씹는 맛이 훨씬 아삭아삭합니다.

재료
돼지감자 … 1kg
청양고추 … 3~4개
마늘 … 5쪽
생강 … 1쪽

절임장
국물용 멸치 … 10마리
다시마(사방 10cm) … 1장
물 … 1½컵
간장 … 1½컵
식초 … 1½컵
설탕 … ½컵
소주 … ½컵

한꼿 장아찌 절임장 5컵

1. 돼지감자는 껍질째 부드러운 솔로 문질러 흙이 없도록 깨끗이 씻는다.
2. 고추는 어슷 썰고, 마늘과 생강은 편으로 썬다.
3. 용기에 ①~②의 재료를 골고루 섞어 담는다.
4. 냄비에 국물용 멸치를 넣어 볶다가 물, 간장, 식초를 붓고 다시마를 넣어 한소끔 끓인 다음 불을 끄고 멸치와 다시마를 건진 뒤 설탕과 소주를 넣어 섞는다.
5. ④의 절임장이 미지근하게 식으면 ③에 붓고 재료가 떠오르지 않게 무거운 것을 올려 누른 뒤 뚜껑을 덮어 냉장고에 보관한다.
6. 3일 뒤 국물을 따라내서 한소끔 끓이고 완전히 식은 다음 다시 부어 냉장 보관한다.
7. 2주 정도 지나 돼지감자에 맛이 들면 먹는다.

 임성근의 한꼿!

- 12월 혹은 3월에 수확해서 제철을 맞는 돼지감자는 아삭아삭한 식감이 일품이죠. 장아찌로 담가 먹기 아주 좋은 재료에요.
- 봄에 수확한 돼지감자는 풋토마토와 함께 장아찌로 담그면 잘 어울립니다.
- 절임장을 끓일 때 설탕과 소주는 함께 넣지 않습니다. 설탕을 끓이면 절임장에 미세하게 점성이 생기고, 소주는 알코올 성분이 날아가 방부 역할을 하지 못하기 때문이에요.

🛒 5월　⏲ 2시간　📦 1개월

초여름의 필수! 풋토마토 양파장아찌

- 풋토마토는 빨갛게 익기 전 초록색일 때 수확한 토마토에요. 맛은 붉은 토마토보다 못하지만 단단해서 장아찌 재료로는 그만이죠.

재료
풋토마토(초록색) … 1.5kg
양파(작은 햇양파) … 2~3개
청양고추 … 10개
마른 고추 … 7~8개

절임장
간장 … 3컵
물 … 2½컵
2배 사과식초 … 1⅓컵
흰물엿 … 1¼컵
설탕 … 1컵
사이다 … ¾컵

한끗 장아찌 절임장 2ℓ

1 풋토마토는 깨끗이 씻어 꼭지를 떼어낸 뒤 물기를 제거하고 윗부분에서부터 절반 정도 열십자(+)로 칼집을 넣는다.(a)
2 양파는 껍질과 뿌리를 제거하고 씻어서 물기를 닦고, 청양고추는 바늘이나 이쑤시개로 군데군데 4~5개의 구멍을 낸다.
3 용기에 준비한 토마토와 양파, 청양고추를 담고 마른 고추는 듬성듬성 썰어 면포에 담아 함께 넣는다.
4 절임장 재료를 한데 잘 섞어 설탕을 녹인 뒤 ③에 붓고 냉장고에 넣어 한 달 후부터 먹는다.

a

임성근의 한끗!

- 풋토마토가 나오기 시작하는 4~5월에 담그세요.
- 풋토마토는 단단한 것으로 골라야 장아찌를 먹을 때 식감이 좋습니다.
- 풋토마토와 양파를 함께 장아찌로 담가 먹으면 풍미가 한결 좋습니다. 작은 햇양파를 준비해서 통으로 담고 먹을 때 잘라 드세요. 기호에 따라 양파를 더 넣어도 됩니다.
- 마른 고추는 절임장에 그냥 넣으면 불어서 국물이 탁해지고 지저분해지니 면포에 담아서 넣으세요.

🛒 5월   🕑 2시간(식초에 절이는 시간 제외)   📦 2개월

만능 반찬 햇 양파장아찌

• 일년 내내 양파는 쉽게 구할 수 있지만 장아찌용 양파로는 저장 양파보다 5월에 수확한 작고 단맛이 깊은 햇 양파가 좋아요.

재료 햇 양파(작은 것) … 1kg

식촛물 식초 … 3컵
물 … 3컵

절임장 물 … 2컵
멸치액젓 … 1컵
간장 … 1컵
식초 … 1컵
설탕 … 1컵
소주 … ½컵

한끗 장아찌 절임장 2ℓ

1. 양파는 단단하고 작은 것으로 준비해서 껍질과 뿌리를 제거하고 깨끗이 씻어 물기를 제거한다.
2. 양파는 자르지 말고 그대로 용기에 차곡차곡 담고 분량의 식촛물을 붓는다. 양파가 떠오르지 않게 무거운 것을 올려 3일 정도 그대로 두고 매운 맛을 뺀다.
3. 냄비에 분량의 절임장 재료를 모두 넣고, ②의 식촛물을 따라내서 부은 뒤 끓인다. 한소끔 끓으면 불을 약하게 줄여 5분 정도 더 끓인 다음 불을 끄고 한 김 식힌다.
4. ②의 양파에 ③의 절임장을 붓고 양파가 떠오지 않게 무거운 것을 올린 뒤 뚜껑을 닫는다.
5. 3일 뒤 절임장을 따라내서 한소끔 끓이고 완전히 식힌 뒤 다시 붓는다. 이 과정을 3일 간격으로 3회 반복하고 2주 후부터 먹는다.

 임성근의 한끗!

• 양파장아찌는 작고 단단하며 수분이 많은, 5월에 수확한 햇 양파로 담가 먹는 게 가장 맛있어요. 되도록 작은 것으로 준비하세요.
• 식촛물에 양파를 담가두면 아린맛이 빠져 먹기가 한결 수월해요.
• 칼칼한 맛을 내고 색감을 더하고 싶다면 청양고추와 붉은 고추를 큼직하게 어슷 썰어 함께 담그세요. 고추는 과정 ④에서 절임장을 붓기 전에 넣으면 됩니다.

5~6월　 2시간　6개월

풍미 작렬 곰취 장아찌

- 손바닥 크기로 잎이 넓은 곰취는 주로 강원도 내륙에서 재배합니다. 씹을수록 은은한 고유의 향이 매력적인 나물이에요.

재료 곰취 … 500g
　　　소금 … 약간

절임장 물 … 1컵
　　　　간장 … 1컵
　　　　식초 … ½컵
　　　　설탕 … ½컵
　　　　흰물엿 … ½컵
　　　　매실청 … 3큰술

한꿋 장아찌 절임장 3½컵

1. 곰취는 줄기를 꺾어 섬유질을 벗겨낸다. (a)
2. 끓는 물에 소금을 약간 넣고 팔팔 끓으면 곰취를 넣어 20초 정도 데친 뒤 바로 찬물에 헹구고 물기를 꼭 짠다.
3. 분량의 절임장 재료를 섞어 설탕을 녹인다.
4. 용기에 곰취를 펼쳐서 차곡차곡 담고 ③의 절임장을 부은 뒤 무거운 것을 올려 누른 다음 뚜껑을 덮는다.
5. 냉장고에 보관하고 2일 뒤부터 먹는다.

 임성근의 한꿋!

- 곰취는 삼겹살을 구워 먹을 때 쌈으로 아주 잘 어울리는 잎채소예요. 5~6월 초 곰취가 한창 연하고 맛있는 계절에 곰취 쌈을 즐겨보세요.
- 곰취는 생으로 장아찌를 담그면 뻣뻣할 수 있으니 소금물에 살짝 데쳐서 담그세요.
- 곰취를 데치지 않고 생으로 장아찌를 담글 때는 만든 뒤 3일, 일주일, 열흘에 한 번씩 총 세 번은 절임장을 따라내서 한소끔 끓인 다음 식혀서 부어야 상하지 않아요.

🛒 4~5월   🕐 2시간   📦 12개월

고기 친구 명이나물장아찌

- 마늘의 맛과 향이 나며 질깃한 식감이 좋은 산나물이에요. 울릉도산 명이나물이 맛과 향이 좋습니다.

재료
명이나물 … 1kg
소금 … 약간

절임장
청양고추 … 3개
대파 … 1뿌리
마늘 … 5쪽
물 … 1컵
간장 … 1컵
설탕 … ½컵
식초 … ½컵

한끗 장아찌 절임장 3컵

1. 끓는 물에 소금을 약간 넣어 팔팔 끓으면 명이나물을 넣고 20초간 재빨리 데친 뒤 바로 찬물에 헹구고 물기를 제거한다.
2. 청양고추는 어슷하게 3~4군데 칼집을 넣고,(a) 대파는 3등분한다. 마늘은 칼면으로 눌러 대강 으깬다.
3. 분량의 절임장 재료를 섞어 설탕을 녹인다.
4. 용기에 명이나물을 차곡차곡 담고 ③의 절임장을 부은 뒤 무거운 것을 올려 누르고 뚜껑을 닫는다.
5. 2일 정도 실온에 두었다가 냉장고에 넣고 2일 지난 뒤부터 먹는다.

 임성근의 한끗!

- 명이나물장아찌는 4~5월 사이에 나오는 햇 명이로 담가야 맛과 향이 좋아요.
- 명이나물은 장아찌를 담그기 전에 끓는 소금물에 살짝 데치면 뻣뻣하지 않고 부드러운 식감을 살릴 수 있습니다.
- 명이나물장아찌는 고기 요리와 궁합이 좋아요. 쇠고기나 돼지고기 등 구운 고기를 먹을 때 함께 먹으면 느끼함도 덜 수 있어요.

3~5월   2시간 2개월

입맛이 돌아온다 마늘종장아찌

- 마늘종은 마늘 속대가 길게 자란 것이에요. 아작아작 씹는 맛과 마늘보다 연하지만 톡 쏘는 알싸한 맛이 일품이죠.

재료 마늘종 … 2단
청양고추 … 7개

절임장 간장 … 1컵
매실청 … 1컵
식초 … ½컵
설탕 … ½컵
소주 … ½컵

한끗 장아찌 절임장 3½컵

1. 마늘종은 꽃망울 위쪽의 질긴 부분은 잘라내고,(a) 깨끗이 씻은 뒤 물기를 닦아 4㎝ 길이로 자른다.
2. 청양고추는 꼭지를 1㎝ 남기고 자른 뒤 바늘이나 이쑤시개로 4~5군데 구멍을 낸다.(b)
3. 용기에 마늘종과 고추를 담는다.
4. 분량의 절임장 재료를 한데 섞어 설탕을 녹이고 ③에 부은 뒤 마늘종이 떠오르지 않게 무거운 것으로 누른 다음 뚜껑을 닫아 냉장 보관한다.
5. 일주일 정도 절였다가 먹는데, 일주일 뒤 절임장을 따라내 한소끔 끓이고 완전히 식힌 뒤 다시 붓는다.

 임성근의 한끗!

- 마늘종장아찌는 마늘종이 억세지 않고 연한 3~5월 사이에 담가야 맛이 좋아요.
- 마늘종은 색이 짙고 꽃대가 길지 않으며 싱싱한 것을 고르세요.

🛒 4~5월　⏱ 2시간(식초에 절이는 시간 제외)　📦 12개월

순한 맛 마늘장아찌

- 마늘이 완전히 영글기 전 3~4월 사이에 수확한 장아찌용 햇마늘로 장아찌를 담그면 연하고 아린 맛도 덜합니다.

재료　통마늘 … 30개

절임장　식초 … 6컵
　　　　간장 … 4컵
　　　　설탕 … 1컵
　　　　소주 … 1컵

한끗 장아찌 절임장 2ℓ

1. 마늘은 잔뿌리를 잘라내고(a) 껍질을 두 겹 정도만 벗긴 뒤(b) 깨끗이 씻어 물기를 완전히 제거한다.
2. 용기에 마늘을 담고 마늘이 푹 잠기도록 식초를 부은 뒤 뜨지 않게 무거운 것을 올리고 뚜껑을 닫아 7일 정도 시원한 곳에 보관한다.
3. 일주일 뒤 식초를 따라내서 간장, 설탕, 소주를 넣고 골고루 섞어 설탕을 녹인 뒤 다시 마늘에 붓고 무거운 것을 올려 둔다.
4. 3일 뒤 절임장을 따라내서 한소끔 끓이고 완전히 식으면 다시 붓는 과정을 3일 간격으로 3회 반복하고 2개월 뒤부터 먹는다.

 임성근의 한끗!

- **4월 중순부터 5월까지 나오는 장아찌용 햇 마늘로 담가야** 마늘이 연하고 부드러우며 아린 맛이 적어서 맛있게 먹을 수 있습니다.
- 마늘을 알알이 떼지 않고 통으로 장아찌를 담그면 마늘 껍질에 포함되어 있는 맛이나 성분이 우러나와 좀 더 깊은 맛이 나죠.
- 장아찌를 담그기 전 마늘을 식초에 담가두면 아린 맛이 빠져 한결 맛있게 먹을 수 있어요.

참외장아찌 2쪽(1개 분량)을 준비해서 가로로 반 자른 뒤 세로로 얄팍얄팍하게 저며 썬다. 여기에 다진 파 1큰술, 다진 마늘·참기름 ½큰술씩, 통깨 ½작은술을 넣어 조물조물 무친다.

참외장아찌 무침

참외장아찌

6~8월   3시간 6개월

여름 별미 참외장아찌

- 크기가 작고 과육이 단단하며 단맛이 좋은 참외로 장아찌를 담가야 식감이 아작아작해요. 과육이 무른 참외는 식감이 떨어집니다.

재료 참외 … 10개
           흰물엿 … 1컵

절임장 간장 … 2컵
           물 … 2컵
           소주 … 1컵
           설탕 … ½컵
           흰물엿 … ½컵

한꿋 장아찌 절임장 5컵

1. 크기가 작고 단단한 참외를 준비해서 깨끗이 씻고 껍질째 길이로 반 잘라 숟가락으로 씨를 깨끗하게 긁어낸다.(a)
2. 그릇에 참외의 자른 면이 위로 가게 담고 물엿을 골고루 뿌려 2시간 정도 절이고 건져서 체에 밭쳐 물기를 뺀다.
3. 분량의 절임장 재료를 모두 섞어 설탕을 녹인다.
4. 용기에 ②의 참외를 자른 면이 위로 가게 담고 ③의 절임장을 참외에 부은 뒤 무거운 것을 올려 뚜껑을 덮고 절인다.
5. 냉장고에 보관 후 10일 뒤 참외에 간이 잘 배면 꺼내서 썰어 먹는다.

 임성근의 한꿋!

- 참외가 한창 달고 맛있는 여름에 단단하고 아삭한 참외를 골라 담그세요. 크지 않은 것으로 담가야 맛있어요.
- 참외는 수분이 많아 먼저 물엿에 절여 수분을 빼야 식감이 아작아작한 장아찌가 됩니다. 물엿은 참외의 수분도 빼고 단맛도 줍니다.

178 장아찌

1~12월   2시간   2개월

오이지만큼 맛있는 오이장아찌

- 장아찌용 오이는 작고 씨가 적으며 통통한 것을 선택하세요. 청오이는 껍질이 질기니 껍질이 얇은 다다기오이가 좋습니다.

재료 다다기오이 … 15개
소금 … ½컵

절임장 물 … 2컵
간장 … 2컵
물엿 … 2컵
식초 … 1컵
설탕 … 1컵
소주 … ½컵
마른 고추 … 4개
국물용 멸치 … 12마리
마늘 … 10쪽
생강 … 1쪽

한끗 장아찌 절임장 1.2ℓ

1. 길이가 짧고 통통한 오이를 준비해서 하나씩 소금으로 문질러 씻고 물기를 제거한 뒤 통째로 내열 용기에 차곡차곡 넣는다.
2. 냄비에 절임장 재료를 모두 넣고 한소끔 끓으면 불을 약하게 줄여 10분간 끓인 뒤 건더기는 건져 낸다.
3. 절임장이 뜨거울 때 ①의 오이에 바로 붓고 뚜껑을 덮어 실온에 둔다.
4. 3일 뒤 절임장을 따라내어 한소끔 끓이고 완전히 식혀서 다시 붓는 과정을 3일 간격으로 3회 반복한다. 이후 냉장고에 보관한다.
5. 냉장고에 하루 정도 두었다가 먹는다. 계속 냉장고에 보관한다.

 임성근의 한끗!

- 절임장을 끓일 때 국물용 멸치를 넣으면 감칠맛이 좋아져요.
- 오이장아찌는 절임장이 뜨거울 때 부어야 먹을 때 훨씬 아작아작 합니다.
- 오이는 절이는 동안 수분이 빠져 절임장의 염도를 낮춰서 절임장이 상하기 쉬워요. 또한, 맛도 덜하죠. 그래서 오이의 수분이 빠지는 동안은 절임장을 따라내서 다시 끓여 붓는 과정을 거쳐야 합니다. 대략 3일 간격으로 3회 정도 하면 됩니다.
- 먹을 때는 얇고 동글게 썰어 내세요. 참기름과 통깨를 넣고 무쳐도 맛있습니다.

고추장아찌

고추장아찌 무침

고추장아찌를 10~12개 정도 꺼내서 고춧가루·고추장·물엿·다진 파 1큰술씩, 다진 마늘 ½큰술, 깨소금·참기름 1작은술씩 넣어 무친다.

1~12월　 2시간　6개월

어른의 맛 고추장아찌

- 한창 맛이 오른 한여름의 고추는 단맛이 좋을 뿐 아니라 질기지 않고 아삭해 장아찌를 담그기 그만입니다.

재료 풋고추 … 1kg
청양고추 … 300g

절임장 간장 … 3컵
설탕 … 2컵
식초 … 2컵
물 … 1½컵
소주 … 1컵

한끗 장아찌 절임장 1.4ℓ

1. 고추는 상처가 없는 싱싱한 것으로 준비해서 깨끗이 씻는다.
2. ①의 고추는 바늘이나 이쑤시개로 4~5군데 구멍을 낸(a) 다음 용기에 차곡차곡 담는다.
3. 소주를 제외한 분량의 절임장 재료를 냄비에 넣어 팔팔 끓인 뒤 불을 약하게 줄여 10분 정도 끓이고 식힌 다음 소주를 섞는다.
4. 절임장을 ②의 고추에 붓고 위에 무거운 것을 올려 누른 뒤 뚜껑을 닫아 냉장고에 둔다.
5. 3일 뒤 국물을 따라내서 한소끔 끓이고 식혀서 다시 붓는 과정을 3일 간격으로 3회 반복한 뒤부터 먹는다.

 임성근의 한끗!

- 고추가 쨍쨍한 햇볕을 보고 자라 한창 맛이 오르고 영양도 가득한 7~8월 사이에 담가 먹는 게 맛있습니다.
- 고추에 구멍을 내야 속까지 골고루 절임장이 배서 맛있게 절여져요.

1~12월　　2시간　　6개월

향이 좋아좋아 깻잎장아찌

- 깻잎은 일 년 내내 만날 수 있는 채소지만 장아찌를 담그려면 맛과 향이 가장 좋아지는 8월에 담그세요.

재료　깻잎 … 20묶음(200장)
　　　　소금 … 약간

절임장　간장 … 2컵
　　　　　물 … 1컵
　　　　　소주 … 1컵
　　　　　매실청 … ½컵

한끗 장아찌 절임장 4½컵

1. 깻잎은 옅은 소금물에 한 장씩 씻어서 물기를 턴 뒤 10장씩 겹쳐 줄기를 실로 묶는다.(a)
2. 절임장 재료를 한데 섞는다.
3. 밀폐 용기에 깻잎 묶음을 한 층 깐 뒤 절임장을 자작하게 붓고, 다시 깻잎을 한 층 깐 뒤 절임장을 자작하게 붓는 식으로 켜켜이 담는다.
4. 깻잎을 무거운 것으로 눌러 뚜껑을 닫고 냉장고에 보관한다. 한 달 정도 절였다가 먹는다.

 임성근의 한끗!

- 깻잎은 소금물에 씻어야 깻잎 뒤쪽 솜털 사이사이의 먼지를 제거할 수 있어요.
- 깻잎장아찌를 담가서 빨리 먹으려면 절임장에 식초 1컵을 넣으세요. 식초의 산 성분이 깻잎의 조직을 부드럽게 해서 금방 절여지므로 담그고 4일 후부터 먹을 수 있습니다.
- 늦가을 깻잎이 누렇게 변하는 시기에 수확한 단풍 깻잎으로 장아찌를 담그면 빨리 무르지 않고 식감도 훨씬 좋습니다.

1~12월   2시간 6개월

예쁘고 건강한 연근장아찌

- 연근도 암수가 있지요. 암연근은 짧고 통통하며 숫연근은 길고 가늘어요. 장아찌용 연근은 살이 많고 아삭한 암연근으로 담그세요.

재료 연근 … 500g
청양고추 … 5개

식촛물 물 … 2컵
식초 … 5큰술

절임장 물 … 1컵
간장 … 1컵
식초 … ½컵
설탕 … ½컵
소주 … ½컵

한끗 장아찌 절임장 3컵

1. 연근은 필러로 껍질을 벗겨내고 0.7㎝ 두께로 둥글게 썰어(a) 분량의 식촛물에 10분 정도 담갔다가 건져 용기에 담는다.
2. 청양고추는 꼭지를 떼고 듬성듬성 썰어 ①의 용기에 함께 담는다.
3. 분량의 절임장 재료를 한데 섞어 설탕을 녹인 뒤 ②의 연근에 붓고 냉장고에 보관한다.
4. 일주일 뒤 절임장을 따라내서 한소끔 끓이고 완전히 식혀서 다시 연근에 붓는다.
5. 냉장고에 넣고 하루 지난 뒤부터 먹는다.

a

 임성근의 한끗!

- 연근은 짧고 통통한 것이 살이 두껍고 아삭한 맛이 좋습니다.
- 연근은 갈변되기 쉬운 재료죠. 식촛물에 담가두면 갈변을 막을 수 있을 뿐만 아니라 연근 특유의 떫은 맛도 줄일 수 있습니다.

무장아찌

무장아찌 무침

무장아찌는 둥글게 자른 건 1토막, 길게 자른 건 약 10cm 길이로 잘라 준비한다. 3cm 길이로 얄팍하게 썰어서 물기를 꼭 짜서 볼에 담는다. 홍고추 ½개와 청양고추 1개를 잘게 다지고, 물엿 1큰술, 다진 마늘·참기름 ½큰술씩 넣어 조물조물 무친 다음 마지막에 통깨를 으깨 넣는다.

10~3월　 2시간　6개월

아작아작 맛 좋은 무장아찌

- 장아찌는 주로 봄 여름에 많이 담가 먹지만, 무 만큼은 가장 맛있는 계절인 10월부터 3월 사이에 담그는 게 맛있어요.

재료　무 … 1개
　　　　청양고추 … 5개
　　　　마늘 … 5쪽
　　　　생강 … 1쪽

절임장　물 … 1컵
　　　　　간장 … 1컵
　　　　　식초 … 1컵
　　　　　설탕 … ½컵
　　　　　소주 … ½컵

한꿋 장아찌 양념 3½컵

1. 무는 껍질을 벗기고 2㎝ 두께의 길이로 길게 썬다. (a) 둥글게 썰어도 된다.
2. 고추는 어슷 썰고, 마늘과 생강은 얇게 편으로 썬다.
3. 용기에 ①~②의 재료를 골고루 섞어 담는다.
4. 냄비에 물, 간장, 식초를 붓고 팔팔 끓인 뒤 불을 끄고 설탕과 소주를 넣어 설탕을 녹인다.
5. ④의 절임장이 뜨거울 때 ③에 붓고 완전히 식으면 무가 떠오르지 않게 무거운 것을 올려 누른 다음 뚜껑을 덮어 냉장고에 보관한다.
6. 3일 뒤 국물을 따라내서 한소끔 끓이고 완전히 식으면 다시 부어 냉장 보관한다.
7. 15일 이상 절여 무에 맛이 들면 먹는다.

a

 임성근의 한꿋!

- 무장아찌는 무가 가장 맛있는 10~3월 사이에 담가야 맛있게 먹을 수 있어요.
- 무에서 수분이 많이 빠져나오기 때문에 일반 장아찌를 담글 때 보다 간장의 양을 조금 더 늘려야 상하지 않아요.
- 절이는 동안 무가 떠오르면 장아찌가 쉽게 상할 수 있으니 무거운 것을 올려 꼭 눌러주세요.

쫄깃하게 모둠 버섯장아찌

- 버섯장아찌는 어떤 버섯으로 담가도 각각의 맛과 향이 매력적이죠. 취향에 따라 좋아하는 버섯을 선택하면 됩니다.

재료
새송이버섯 … 200g
표고버섯 … 200g
양송이버섯 … 200g

절임장
마른 고추 … 3개
마늘 … 5쪽
생강 … 1쪽
간장 … 2컵
설탕 … 1컵
식초 … 1컵
물 … 1컵
소주 … ½컵

한끗 장아찌 절임장 4컵

1. 버섯은 모두 마른 행주로 잡티를 털고 표고버섯은 기둥을 뗀다.
2. 용기에 버섯을 담는다.
3. 마른 고추는 듬성듬성 썰고, 마늘과 생강은 편으로 썰어 냄비에 넣고 소주를 제외한 나머지 절임장 재료도 함께 넣어 팔팔 끓인다. 불을 약하게 줄여 5분 정도 더 끓인 다음 불을 끄고 식힌 뒤 소주를 섞는다.
4. ②의 버섯에 ③의 절임장을 붓고 냉장고에 보관한다.
5. 3일 뒤 절임장을 따라내서 한소끔 끓이고 완전히 식혀서 다시 붓는다.
6. 냉장고에 넣고 하루 지난 뒤부터 먹는다.

 임성근의 한끗!

- 장아찌는 채소로만 담근다고 생각하는데, 버섯도 장아찌 재료로 아주 좋습니다. 쫄깃한 식감이 채소와는 또 다른 맛을 내거든요. 여러 가지 버섯을 섞어 한 번에 장아찌를 담그면 다양한 식감을 맛볼 수 있습니다.
- 버섯장아찌를 담글 때는 생강을 더하면 버섯에 생강의 은은한 향이 배서 풍미가 한결 좋아집니다.

02
소금 장아찌

여름철에 아작아작한 오이지 하나 꺼내 잘게 썰어 시원한 얼음물에 담가 두었다가 밥상에 내면 열 반찬 부럽지 않죠. 짭짤한 소금물에 오이를 절이는 아주 간단한 방법이지만 소금물의 농도 맞추기와 오이지 보관은 생각만큼 만만하지 않아요.

임성근 선생님만의 비결을 따라 차근차근 해본다면 여러분도 맛 좋은 오이지를 거뜬히 담가 오래 두고 맛있게 먹을 수 있을 겁니다. 오이지뿐인가요! 무쳐 먹어도 좋고, 동치미 맛 살리는 필수 재료인 고추지, 갖은 양념 발라두면 밥 도둑이 따로 없는 깻잎 소금장아찌도 만들어 볼 수 있습니다.

🛒 5월   ⏱ 2시간   📦 2주일

개운한 맛 양파 소금장아찌

- 양파 소금장아찌는 고기와 아주 잘 어울리는 메뉴에요. 양파는 늘 볼 수 있는 식재료지만 햇 양파로 담가야 부드럽고 맛있어요.

재료 햇 양파 … 1kg

절임장 물 … 5컵
　　　　　식초 … 2½컵
　　　　　설탕 … 2½컵
　　　　　소주 … 1컵
　　　　　소금 … ½컵

1. 크기가 작은 햇 양파로 준비해서 껍질을 벗기고 깨끗이 씻어서 물기를 제거한 뒤 먹기 좋은 크기로 썬다.
2. 분량의 절임장 재료를 한데 섞어 설탕을 녹인다.
3. 양파를 용기에 담고 ②의 절임장을 부은 뒤 무거운 것으로 눌러 절인다.
4. 냉장고에 넣고 3일 뒤부터 먹는다.

 임성근의 한끗!

- 만약 냉장고에 넣어 두었던 양파로 장아찌를 담근다면 찬기를 빼고 담가야 초록색으로 변하지 않아요.
- 양파장아찌를 넉넉하게 담가 오래 두고 먹을 때는 자르지 말고 통으로 담그세요. 통으로 담글 때는 2주 정도 절여 맛이 든 후에 드세요. 혹시 골마지가 끼려고 하면 절임장을 따라내서 한소끔 팔팔 끓인 뒤 식혀서 다시 부으면 됩니다.
- 새콤달콤 깔끔한 맛이 일품인 양파장아찌는 고기 요리와 잘 어울리니 넉넉히 담가두고 고기 요리를 먹을 때 함께 즐기세요.
- 위의 절임장으로 마늘장아찌를 담가도 맛있습니다. 마늘장아찌를 담글 때는 1.5kg을 준비해서 알알이 껍질을 까서 같은 방법으로 담그세요.

오이지

오이지 2개를 물에 깨끗이 씻고 0.5㎝ 두께로 동글게 썬다. 오이지에 생수 2컵을 부어 20분쯤 그대로 둬 짠맛을 우린다. 그 물에 쪽파 2줄기를 송송 썰어 넣고, 풋고추 1개와 붉은 고추 ⅓개도 씨를 빼서 송송 썰어 넣은 뒤 기호에 따라 매실청 1큰술을 넣는다. 시원하게 얼음 몇 조각 띄워 낸다. 만약 국물이 싱거우면 국간장으로 간을 맞춘다.

오이지 무침

오이지 2개를 물에 씻고 0.5㎝ 두께로 동글게 썰어 찬물에 20분 정도 담가 짠물을 우린다. 오이의 물기를 최대한 꼭 짜서 볼에 담는다. 볼에 청양고추 1개를 잘게 다져 넣고 고추장·고춧가루 1½큰술씩, 다진 파·물엿·참기름·통깨 1큰술씩, 다진 마늘 ½큰술을 넣어 조물조물 무친다.

오이지 냉국

🛒 1~12월   🕐 2시간   📦 6개월

최고의 국민 반찬 오이지

- 오이지는 한 번 담가두면 일 년 내내 두고 먹을 수 있죠. 씨가 많으면 살이 적으니 6월에 나오는 통통한 햇 오이로 담그세요.

재료 다다기오이 … 20개
고운 소금 … 적당량

절임장 물 … 3ℓ
천일염 … 4컵
소주 … 1컵

1. 오이는 소금으로 문질러 씻고 흐르는 물에 헹군 뒤 물기를 닦는다.
2. 밀폐용기에 손질한 오이를 차곡차곡 담고 소주를 부은 뒤 무거운 것을 올려 둔다.
3. 분량의 물과 천일염을 냄비에 넣어 팔팔 끓인 뒤 뜨거울 때 ②의 오이에 붓는다.
4. 절임장이 식으면 뚜껑을 닫고 그늘지고 서늘한 곳에 두었다가 오이가 누렇게 변하면 냉장 보관한다.
5. 10일 혹은 2주 지난 뒤부터 먹는다.

 임성근의 한끗!

- 오이지는 오래 두면 골마지가 끼는데, 골마지가 생기려고 하면 국물을 따라내서 팔팔 끓인 뒤 식혀서 다시 붓고 냉장 보관하세요.

고추지 10개를 준비해서 찬물에 10분 정도 담가 짠맛을 우리고 물기를 제거한다. 고춧가루·간장·물엿 2큰술씩, 다진 마늘·다진 파·통깨 1큰술씩, 참기름 1작은술을 섞어 양념을 만들고 고추지에 넣어 무친다.

고추지 무침

고추지

1~12월   2시간 6개월

여기저기 쓸모 있는 고추지

- 고추지용 고추는 매콤한 고추가 적합해요. 늦여름에 나오는 크기가 작은 청양고추를 선택하세요.

재료 청양고추 … 50개

절임장 물 … 3컵
천일염 … ⅓컵
소주 … ½컵
식초 … 5큰술

1 고추는 단단하고 매운 것으로 골라 꼭지를 1.5㎝ 정도 남기로 자르거나 그대로 둔다.
2 ①의 고추를 물에 씻고 물기를 제거한 뒤 바늘이나 이쑤시개로 5군데 정도 구멍을 낸다.(a)
3 밀폐용기에 손질한 고추를 차곡차곡 담는다.
4 냄비에 물을 붓고 천일염을 넣어 한소끔 끓인다. 식으면 식초와 소주를 넣어 섞는다.
5 ③의 고추에 ④의 절임장을 붓고 무거운 것으로 누른 뒤 고추가 노랗게 변할 때까지 서늘한 곳에 두었다가 냉장고에 넣고 먹는다.

a

 임성근의 한끗!

- 고추지를 담글 때는 매콤해야 맛있으므로 청양고추로 담그세요. 고추가 한창 맛있어지는 늦여름부터 가을에 나오는 것으로 담그는 게 좋습니다.
- 고추지는 찬물에 담가 짠맛을 우린 뒤 다져서 칼국수나 해장국에 넣어 먹으면 깔끔하고 매콤한 국물 맛을 낼 수 있습니다.

소금 장아찌

깻잎 소금장아찌 30장을 준비해서 찬물에 흔들어 씻고 물기를 짠다. 풋고추와 홍고추는 1개씩 잘게 다지고, 고춧가루·간장·물엿·다진 파·액젓·소주 2큰술씩, 다진 마늘·통깨 1큰술씩, 참기름 1작은술을 섞어 양념을 만든 다음 깻잎을 한두 장씩 겹쳐 양념을 골고루 바른다. 콩잎 소금장아찌도 같은 방법으로 양념한다.

깻잎 소금장아찌 양념

깻잎 소금장아찌

9~10월 2시간 6개월

깻잎 소금장아찌

- 깻잎 소금장아찌는 누런 단풍 깻잎이 맛이 좋죠. 가을철 물이 들기 시작할 때 재래시장에서 구입할 수 있어요.

재료 단풍 깻잎(또는 깻잎) … 60장
고운 소금 … 약간

절임장 물 … 3컵
천일염 … ⅓컵
소주 … ½컵
식초 … 5큰술

1. 되도록이면 단풍 깻잎을 준비해서 옅은 소금물에 흔들어 씻고 물기를 턴다.
2. 손질한 깻잎은 10장씩 겹쳐 줄기를 실로 묶고(a) 용기에 차곡차곡 담는다.
3. 냄비에 물을 붓고 천일염을 넣어 한소끔 끓인다. 한 김 식으면 식초와 소주를 넣어 섞는다.
4. ②의 깻잎에 ③의 절임장을 붓고 무거운 것을 올려 누른 뒤 깻잎이 누렇게 변할 때까지 서늘한 곳에 두었다가 냉장고에 넣는다.
5. 깻잎이 누렇게 변하면 바로 먹어도 된다.

a

 임성근의 한끗!

- 깻잎을 소금에 삭힐 때는 푸르고 연한 깻잎보다 가을철 누렇게 단풍이 들고 약간 억센 깻잎을 사용하는 게 좋습니다.
- 깻잎을 넉넉하게 삭혀두면 1년 내내 두고 먹을 수 있습니다. 입맛 없을 때 양념해서 먹으면 밥도둑이 따로 없죠.
- 가을철 콩잎을 수확할 때 콩잎을 이용해서 콩잎 60~80장을 준비해서 위의 레시피대로 담그세요. 깻잎 소금장아찌와 같은 방법으로 장아찌를 만들면 됩니다.

> "작아도 맛있는 가게를 위하여!
> 임성근 선생님이 통 크게 쏩니다"

식당용 김치, 김치 활용 요리

식당을 운영하고 있는 독자를 비롯하여, 음식점 창업을 준비하는 분들의 고민 중 하나는 아무래도 '맛있는 김치'가 아닐까요. 우리나라 식당에서 김치는 정말 중요한 역할을 합니다. 주요한 반찬인 김치 자체를 판매하는 경우는 드물지만 그 식당 맛의 척도, 주인의 안목과 정성, 다른 음식의 든든한 뒷받침 같은 기둥 역할을 하죠. 손님 상에 올라가는 기본 반찬인 김치만 맛있어도 단골 손님이 생길 수 있고, 그 김치로 만든 다른 요리도 판매할 수 있으니까요.
설렁탕, 국밥, 칼국수 등이 주 메뉴인 곳에서는 깍두기나 겉절이가 맛있으면 다른 반찬은 없어도 되죠. 고기 구이를 판매하는 곳이라면 시원하고 맛 좋은 백김치를 준비해보세요. 김치가 맛있으면 고기도 더 맛있게 즐길 수 있으니까요.

다음에 소개할 김치 비법들은 가정용이 아닙니다. 식당에서 유용하도록, 한꺼번에 많은 분량의 김치 만드는 법을 알려드립니다. 양이 많을수록 정확한 계량이 중요하므로 모든 재료는 무게(그램, g)로 표기하였습니다. 또한, 가정에서 김치를 담글 때와는 재료나 양념의 비율이 달라질 수 있고 잘 쓰지 않는 재료를 사용하기도 합니다.
각각의 김치와 맛의 궁합이 잘 맞는 음식까지 임성근 선생님이 알려드리니, 꼼꼼히 살펴보시고 운영하는 식당에 따라 다른 김치도 한번 담가 보세요.
식당용 김치는 모두 대용량이니 한꺼번에 담그고 숙성하여 여러 통에 나눠 보관하고 하나씩 열어 사용하세요

식당을 운영하는 분들에게 이 책이 도움이 되길 바라며 임성근 선생님의 대용량 김치 비법을 상세히 알려드립니다. 다양한 김치와 김치 활용 요리까지 20여 가지의 특별한 비결을 여러분의 것으로 만들어보세요.

열무 얼갈이김치

이런 식당, 이 김치!
- ☑ 잔치국수, 칼국수, 수제비 등의 면요리 식당
- ☑ 육류 요리 식당

 열무김치는 보통 봄, 여름에 많이 담그죠. 많이 익은 열무김치는 맛이 없으니 저녁에 담가서 실온에 두었다가 다음 날 오전, 식당 문 열기 전에 냉장고에 넣으세요. 기온에 따라 다르겠지만 담근 뒤 8~12시간 후에 냉장고에 넣는 게 가장 좋습니다.

재료
- 열무 … 5단
- 얼갈이 … 3단
- 청양고추 … 500g
- 양파 … 500g

찹쌀풀
- 물 … 1ℓ
- 찹쌀가루 … 70g

양념
- 물 … 10ℓ
- 배 … 3개
- 사과 … 2개
- 양파 … 2개
- 마른 고추 … 800g
- 설탕 … 600g
- 다진 마늘 … 500g
- 까나리액젓 … 200g,
- 다진 생강 … 100g
- 고운 소금 … 150g
- 미원 … 30g
- 쇠고기 다시다 … 20g

1. 열무와 얼갈이는 깨끗이 손질해서 6㎝ 길이로 썰고 물에 헹군 뒤 소쿠리에 담아 물기를 뺀다.
2. 청양고추는 어슷 썰고, 양파는 채 썬다.
3. 양념 재료의 양파와 사과, 배는 껍질과 씨 등을 제거하고 듬성듬성 썰고, 마른 고추는 듬성듬성 썰어서 물에 불린다.
4. 냄비에 분량의 물 1ℓ를 붓고 찹쌀가루를 넣어 저어가며 찹쌀풀을 쑨다.
5. ③을 믹서에 넣고 분량 외의 물을 약간 넣어 곱게 간 뒤 나머지 분량의 양념 재료와 찹쌀풀을 넣어 섞는다.
6. ⑤의 양념에 열무와 얼갈이, 고추, 양파를 넣어 가볍게 버무린다.

삼색 물김치

이런 식당, 이 김치!
- ☑ 객단가가 높은 고급 한식당
- ☑ 고기 구이 식당

 무, 배추, 열무 각각의 맛을 느낄 수 있고, 세 재료의 맛이 국물에 우러나 시원하고 맛이 좋은 김치입니다. 생고기 메뉴를 판매하는 식당에서 사시사철 손님상에 내놓기 좋은 김치이지요. 익히는 것이 중요한데, 겨울에는 실온에서 3일 정도 숙성 후, 여름에는 하루 정도 숙성 후 냉장고에 넣으세요.

재료
- 열무 … 3단
- 알배추 … 10통
- 무(1.2~1.5kg) … 5개
- 천일염 … 900g
- 물 … 3.3ℓ

양념 1
- 무 … 2kg
- 양파 … 6개
- 배 … 4개
- 다진 마늘 … 1.5kg
- 고운 고춧가루 … 650g
- 다진 생강 … 200g
- 찹쌀풀 … 150g

양념 2
- 천일염 … 600g
- 설탕 … 300g
- 멸치액젓 … 250g
- 뉴슈가 … 80g

1. 열무는 깨끗하게 다듬고 자르지 않는다. 알배추는 한 잎씩 뗀다. <u>무는 길이로 3~4등분한 다음 반으로 썰고 반달 모양이 되도록 도톰하게 1cm 내외로 썬다.</u> (a)
2. ①을 한데 담고 천일염을 뿌려 골고루 섞은 뒤 2시간 정도 절였다가 헹구고 소쿠리에 담아 30분 정도 물기를 뺀다.
3. [양념 1] 재료 중 무는 듬성듬성 썰고, 양파와 배는 껍질과 씨 등을 제거하고 듬성듬성 썬 뒤 모두 믹서에 곱게 한다.
4. ③과 [양념 1]의 나머지 재료를 모두 면포에 담아 잘 묶는다.
5. 김치통에 절인 무와 열무, 알배추를 담고 분량의 물을 부은 뒤 [양념 2]의 재료를 넣어 잘 섞는다.
6. ⑤에 ④의 면포를 넣고 주물주물해서 맛과 색을 뺀 뒤 그대로 담가 둔다.
7. 겨울에는 3일, 여름에는 하루 정도 실온에서 숙성한 다음 냉장고에 넣는다.

a

오이소박이

이런 식당, 이 김치!
☑ 한식당
☑ 백반집

오이소박이를 담글 때는 반드시 뜨거운 물에 오이를 튀겨야 무르지 않아 오래 두고 먹을 수 있습니다. 그럼에도 오이는 쉽게 무르니 절대 많은 분량을 담그지 말고 2~3일 정도 먹을 분량만 준비하세요. 분량을 줄여서 담그려면 오이 비율에 맞게 양념을 줄이면 됩니다.

재료
다다기오이 … 50개
쪽파 … ½단
부추 … 1.5kg
깻잎 … 20장

소금물
물 … 3컵
천일염 … 500g

밥풀
밥 … 150g
물 … 150g

양념
까나리액젓 … 460g
굵은 고춧가루 … 210g
고운 고춧가루 … 100g
고운 청양 고춧가루 … 100g
다진 마늘 … 100g
설탕 … 65g
물엿 … 50g
매실청 … 50g
통깨 … 50g

1 오이는 깨끗이 씻어 양 끝을 잘라낸 뒤 길이를 4등분하고 열십자(+)로 세로로 칼집을 넣는다.
2 분량의 소금물을 한소끔 끓여 ①의 오이에 붓고 2시간 정도 절인다.
3 오이가 휘어지게 절여지면 맑은 물에 헹구고 소쿠리에 담아 1시간 정도 물기를 뺀다.
4 부추와 쪽파는 깨끗하게 손질해서 각각 3㎝ 길이로 썰고, 깻잎은 채 썬다.
5 분량의 밥풀 재료를 믹서에 넣고 아주 곱게 갈아 밥풀을 만든다.
6 ⑤의 밥풀과 분량의 양념 재료를 모두 섞는다.
7 ⑥의 양념에 부추, 쪽파, 깻잎을 넣고 골고루 섞어 소를 만든다.
8 절인 오이에 물기가 빠지면 ⑦의 소를 칼집 사이에 적당량씩 채워 넣고 김치통에 차곡차곡 담는다.
9 실온에서 하루 정도 숙성 후 냉장고에 넣고 바로 먹는다.

오이 백소박이

이런 식당, 이 김치!
- ☑ 고기 구이 식당
- ☑ 얼큰한 찜, 볶음, 탕요리 식당

 오이 백소박이는 오이가 익어 누렇게 되면 맛도 떨어지지만 보기가 좋지 않습니다. 2~3일 안에 소비될 분량만 담그세요. 좀 더 보기 좋게 내려면 청오이를 활용하는 것도 좋은 방법입니다.

재료
- 다다기오이 … 50개
- 부추 … 1단
- 당근 … 3개
- 깻잎 … 2kg
- 청양고추 … 1kg
- 고운 소금 … 300g

찹쌀풀
- 물 … 1ℓ
- 찹쌀가루 … 30g

국물 양념
- 물 … 1.2ℓ
- 양파 … 5개
- 배 … 3개
- 무 … 500g

양념
- 다진 마늘 … 300g
- 고운 소금 … 260g
- 멸치액젓 … 100g
- 설탕 … 50g
- 다진 생강 … 40g
- 뉴슈가 … 35g

1. 오이는 깨끗이 씻고 양 끝을 잘라낸 뒤 양 끝에 2㎝ 정도 남기고 가운데 열십자(+)로 길게 칼집을 넣는다.(a)
2. ①의 오이에 고운 소금을 골고루 뿌려 30분 정도 절인 다음 물에 가볍게 헹구고 물기를 뺀다.
3. 부추는 깨끗이 손질해서 7㎝ 길이로 썰고, 당근은 곱게 채 썬다. 청양고추는 곱게 채 썰고, 깻잎은 1.2㎝ 폭으로 채 썬다.
4. 냄비에 찹쌀풀 재료를 넣어 덩어리가 지지 않게 잘 푼 다음 저어가며 끓여 풀을 쑨 뒤 식힌다.
5. 국물 양념 재료 중 양파와 배는 껍질과 씨 등을 제거해 듬성듬성 썰고, 무는 깨끗이 씻어 껍질째 듬성듬성 썬 뒤 모두 믹서에 넣어 곱게 갈고 분량의 물을 부어 섞는다.
6. 찹쌀풀에 분량의 양념 재료를 섞고 ③의 채소를 모두 넣고 섞어 소를 만든다.
7. 오이에 물기가 빠지면 소를 칼집 사이에 적당량씩 채워 넣고 통에 담은 뒤 ⑤의 국물을 붓는다.
8. 실온에서 여름에는 한나절, 가을에는 하루 정도 숙성시킨 뒤 냉장고에 넣는다.

a

오이 물김치

이런 식당, 이 김치!
- ☑ 고기 구이 식당
- ☑ 얼큰한 찜, 볶음, 탕요리 식당

 오이는 무보다 빨리 익기 때문에 오이 물김치는 동치미 대용으로 활용하기 좋지요. 동치미가 익기 전에 대신 내보세요. 동절기에는 오이 절이는 시간을 30분~1시간 정도 늘려야 합니다.

재료
- 다다기오이 … 25개
- 무 … 500g
- 배 … 300g
- 양파 … 250g
- 당근 … 150g
- 홍고추 … 40g
- 영양부추 … 1단
- 천일염 … 350g
- 물 … 12ℓ

양념
- 설탕 … 400g
- 까나리액젓 … 250g
- 고운 고춧가루 … 200g
- 다진 마늘 … 200g
- 미원 … 50g
- 다진 생강 … 40g

1. 오이는 깨끗이 씻고 양 끝을 잘라낸 뒤 양 끝에 2cm씩 남기고 열십자(+)로 가운데에 길게 칼집을 넣는다.[a]
2. 손질한 오이에 천일염을 골고루 뿌려 1시간 정도 절이는데, 중간에 두세 번 위의 오이와 아래의 오이를 뒤집는다.
3. 절인 오이는 건져서 물에 두 번 정도 헹군 뒤 소쿠리에 담아 1시간 정도 물기를 빼고, 오이 절인 물은 따로 둔다.
4. 영양부추를 제외한 나머지 채소와 과일은 깨끗이 손질해 모두 3~4㎝ 길이로 곱게 채를 썬다. 영양부추도 3~4㎝ 길이로 썬다.
5. ④에 설탕과 까나리액젓, 미원을 섞어 소를 만든다.
6. 절인 오이의 칼집 사이에 ⑤의 소를 적당량씩 넣고 김치통에 차곡차곡 담는다.
7. 면포에 고춧가루와 다진 마늘, 다진 생강을 담고 분량의 물에 넣어 주물주물해서 맛과 색을 우려낸다.
8. ⑥의 오이에 ⑦의 국물을 붓고 실온에서 하루 정도 숙성한 뒤 냉장고에 넣는다.

배추 생 겉절이

이런 식당, 이 김치!
- ☑ 삼계탕, 곰탕, 등 탕요리 식당
- ☑ 고기 구이 식당
- ☑ 국수, 수제비 등의 면요리 식당

 달래는 향이 좋아서 겉절이와 잘 어울리는 재료입니다. 달래에서 알싸한 맛이 나므로 마늘은 적게 넣는 게 좋습니다. 달래가 없을 때는 빼도 됩니다. 잘라낸 배춧잎은 배춧국이나 나물 반찬으로 활용하세요.

재료
배추 … 3포기(6kg)
무(1.2~1.5kg) … 1개
달래 … 5단
쪽파 … 420g

양념
까나리 액젓 … 400g
물엿 … 350g
고춧가루 … 340g
다진 마늘 … 200g
설탕 … 200g
새우젓 … 150g
통깨 … 150g
다진 생강 … 20g
미원 … 10g

1. 배추는 지저분한 잎을 떼어내고 이파리 끝을 5㎝ 정도 잘라낸다.
2. 손질한 배추는 잎을 낱장으로 떼고 넓은 잎은 반으로 갈라 (a) 어슷 썬 뒤 (a) 물에 씻어 물기를 뺀다.
3. 무는 껍질째 깨끗이 씻어 6㎝ 길이의 나무젓가락 굵기로 썰고, 달래와 쪽파는 흙이 없도록 깨끗이 손질해서 5㎝ 길이로 썬다.
4. 분량의 재료를 한데 섞어 김치 양념을 만들고 배추와 무, 달래, 쪽파를 넣어 골고루 버무린다.

배추 절임 겉절이

이런 식당, 이 김치!
- ☑ 백반집 또는 밥요리 식당
- ☑ 국수, 수제비 등의 면요리 식당

 겉절이가 익기 시작하면 맛이 없으니 당일 소비될 수 있게 적은 분량만 준비하세요.

재료
배추 … 3포기
양파 … 1개
쪽파 … 450g
무 … 300g

소금물
물 … 10ℓ
천일염 … 700g

양념
고춧가루 … 450g
까나리액젓 … 335g
설탕 … 300g
새우젓 … 225g
다진 마늘 … 200g
미원 … 95g
다진 생강 … 20g
통깨 … 약간

1. 배추는 지저분한 잎을 떼어내고 이파리 끝을 5㎝ 정도 잘라낸다.
2. 손질한 배추는 잎을 낱장으로 떼고 넓은 잎은 반으로 갈라 (a) 어슷 썬 뒤 (a) 물에 씻어 물기를 뺀다.
3. 분량의 소금물에 ②의 배추를 넣어 1시간 정도 절이는데, 중간에 한두 번 위아래를 뒤집어서 골고루 절인다.
4. 절인 배추는 물에 헹구고 소쿠리에 담아 30분 정도 물기를 뺀다.
5. 양파와 무는 채 썰고, 쪽파는 5㎝ 길이로 썬다.
6. 분량의 재료를 한데 섞어 양념을 만든 다음 절인 배추와 무채, 양파 채, 쪽파를 넣어 버무린다.

배추 포기김치

이런 식당, 이 김치!
☑ 한식을 파는 모든 식당

 이 배추김치를 묵은지로 만들려면 통에 담은 뒤 윗소금을 치고 공기가 통하지 않게 우거지로 잘 덮은 다음 겨울철 기준으로 6개월 정도 그대로 냉장고에서 숙성하세요.

재료
- 절인 배추 … 60쪽(배추 30포기 분량)
- 무(1.2~1.5kg) … 2개
- 갓 … 2단
- 부추 … 1단
- 미나리 … 1단
- 쪽파 … 1단

북어 멸치국물
- 물 … 10ℓ
- 볶은 국물용 멸치 … 2kg
- 북어 대가리 … 5개
- 다시마 … 3장

찹쌀풀
- 북어 멸치국물 … 8ℓ
- 찹쌀가루 … 750g

양념
- 양파 … 8개
- 사과 … 5개
- 배 … 5개
- 무 … 2개
- 다진 마늘 … 2.5Kg
- 마른 고추 … 2kg
- 멸치액젓 … 2Kg
- 굵은 고춧가루 … 1.5Kg
- 새우젓 … 1.5Kg
- 설탕 … 600g
- 미원 … 400g
- 다진 생강 … 300g
- 굵은 소금 … 300g
- 소주 … 1병

1. 절인 배추는 채반에 올려 물기를 뺀다.
2. 분량의 북어 멸치국물 재료를 냄비에 넣어 한소끔 끓인 뒤 불을 줄여 30분 정도 더 끓이고 체에 거른 다음 식힌다.
3. ②의 북어 멸치국물 8ℓ에 분량의 찹쌀가루를 넣고 불에 올려 저어가며 찹쌀풀을 쑨다.
4. 무는 결대로 곱게 채 썰고, 갓과 부추, 미나리, 쪽파는 깨끗이 손질해서 5cm 길이로 썬다.
5. 양념 재료의 양파, 사과, 배는 껍질과 씨를 제거해 비슷한 크기로 듬성듬성 썰고, 무도 비슷한 크기로 썬다. 마른 고추도 듬성듬성 썰어 물에 불린다.
6. ⑤의 재료를 믹서에 넣어 곱게 갈고 나머지 분량의 양념 재료와 ③의 찹쌀풀을 넣어 골고루 섞는다.
7. ⑥의 양념에 ④의 채소를 모두 넣고 골고루 섞어 김칫소를 만든다.
8. 절인 배추에 김칫소를 켜켜이 넣고 겉잎으로 잘 감싼 뒤 통에 담는다. 실온에서 2일 정도 숙성한 뒤 냉장고에 넣는다.

※ 무를 결대로 채 써는 방법은 41~42쪽을 참조하세요.

맛김치 (김치찌개용)

이런 식당, 이 김치!
- ☑ 김치찌개 식당
- ☑ 짜글이, 두루치기 등의 김치요리 식당

 푹 익혀서 먹는 이 김치는 김치찌개나 짜글이로 요리하면 아주 맛이 좋지만 찬으로는 어울리지 않습니다. 반찬용 김치 볶음을 만들 때 혹은 돼지고기 두루치기에 활용하는 것은 괜찮습니다.

재료 배추 … 7포기

소금물 물 … 2ℓ
천일염 … 3컵

양념 고춧가루 … 1kg
다진 마늘 … 500g
까나리액젓 … 450g
다진 생강 … 40g
미원 … 20g

1. 배추는 겉잎을 떼고 깨끗이 손질해서 먹기 좋은 크기로 썰어 분량의 소금물에 2시간 정도 절이는데, 중간에 한두 번 뒤집어 골고루 절인다.
2. 배추가 다 절여지면 물에 3번 정도 헹구고 소쿠리에 건져 1시간 정도 물기를 뺀다.
3. 분량의 양념 재료를 골고루 섞고 절인 배추를 넣어 골고루 버무린 뒤 통에 담는다.
4. 실온에서 2~3일 정도 새콤하게 숙성한 뒤 냉장고에 넣는다.

※ 배추는 하절기에는 5시간, 동절기에는 8시간 정도 절이세요.

배추 물김치

이런 식당, 이 김치!
- ☑ 육류 요리집
- ☑ 한식을 파는 모든 식당

 뉴슈가는 깔끔한 단맛을 내지만 오래 두고 먹는 김치에 사용하면 쓴맛이 날 수도 있으니 배추 물김치를 오래 놔두고자 한다면 뉴슈가는 사용하지 않는 게 낫습니다.
여름 배추는 맛이 없으니 절일 때 소금을 적게 넣고 뉴슈가를 30g 정도 넣으세요. 간이 맞는다면 헹구지 말고 그대로 양념해도 되고, 아니면 가볍게 한 번만 헹군 뒤 양념하세요.

재료
- 배추 … 10포기
- 무(1.2~1.5kg) … 2개
- 천일염 … 5kg
- 물 … 35ℓ

밀가루풀
- 물 … 5ℓ
- 밀가루 … 200g
- 쇠고기 다시다 … 50g

양념
- 양파 … 4개
- 홍고추 … 1kg
- 고운 소금 … 730g
- 고춧가루 … 600g
- 다진 마늘 … 500g
- 설탕 … 400g
- 뉴슈가 … 60g

1. 배추는 겉잎을 떼고 깨끗이 손질해서 반 자른 뒤 배춧잎 사이사이 천일염을 골고루 뿌리고 무거운 것을 위에 올려 절인다. 1시간 정도 절인 뒤 위의 배추와 아래의 배추 위치를 바꿔 1시간 정도 더 절인 다음 물에 한두 번 헹구고 소쿠리에 담아 물기를 뺀다.
2. 무는 껍질째 깨끗이 씻어 결대로 곱게 채를 썬다.
3. 분량의 밀가루풀 재료를 섞고 불에 올려 저어가며 풀을 쑨 뒤 식힌다.
4. 양념 재료의 양파는 껍질을 벗겨 듬성듬성 썰고, 홍고추는 꼭지를 떼고 듬성듬성 썬 뒤 모두 믹서에 넣어 곱게 간다.
5. ④에 고춧가루와 다진 마늘, 밀가루풀 ⅔분량을 섞어 고운 망에 담고 분량의 물(35ℓ)을 부은 뒤 소금과 설탕, 뉴슈가를 넣어 섞는다
6. 무 채에 나머지 밀가루풀을 섞은 뒤 절인 배추 사이사이에 조금씩 골고루 넣고 통에 담아 꼭꼭 누른다.
7. ⑥에 ⑤를 붓고 시원한 곳에서 여름에는 2일, 겨울에는 일주일 정도 숙성 후 냉장고에 넣어 바로 먹는다.

※ 무를 결대로 채 써는 방법은 41~42쪽을 참조하세요.

상추 물김치

이런 식당, 이 김치!
☑ 고기 구이(쇠고기) 식당

 상추 쌈을 대신할 수 있는 김치입니다. 고기 한 점에 상추 물김치 한 장 곁들여 먹으면 소스도 필요 없죠. 상추 물김치는 오래 두면 누렇게 되고 맛이 없으니 담가서 바로 내고, 하루에 소진 될 분량만 준비하세요.

재료
- 상추 … 1kg
- 물 … 7~8컵

절임물
- 물 … 2~3컵
- 멸치액젓 … 1컵

밀가루풀
- 물 … 500㎖
- 밀가루 … 60g

양념
- 배 … ¼개
- 양파 … ¼개
- 청양고추 … 8개
- 홍고추 … 5개
- 다진 마늘 … 3큰술
- 다진 생강 … 1큰술

1. 상추는 깨끗이 씻어 물기를 털고 분량의 절임물을 부어 20분간 절인다.
2. 분량의 밀가루풀 재료를 섞어 멍울 없이 푼 다음 불에 올려 저어가며 풀을 쑨 뒤 식힌다.
3. 양념 재료의 배와 양파는 껍질과 씨 등을 제거하고 듬성듬성 썰고, 고추는 송송 썬다.
4. 믹서에 배와 양파, 고추, 다진 마늘, 다진 생강을 넣고 분량의 물(7~8컵)을 부어 곱게 간 다음 밀가루풀을 넣어 섞는다.
5. 절인 상추를 차곡차곡 통에 담고 ④를 붓는다.
6. 오래 두지 말고 바로 먹는다.

깍두기

이런 식당, 이 김치!
- ☑ 탕요리 식당
- ☑ 백반집

 과일로 신선한 단맛을 내고 사이다의 톡 쏘는 맛을 첨가한 깍두기 겉절이라고 생각하면 됩니다. 담가서 바로 먹어도 맛이 좋습니다. 양념에 사과와 배 등의 과일이 들어간 김치는 오래 보관하지 않는 게 좋습니다. 과일의 맛이 변하면서 김치 맛이 달라지거든요. 깍두기가 푹 익기 전에 소비하세요.

재료
- 무 … 20kg
- 대파 … 3대
- 물 … 1ℓ
- 천일염 … 650g
- 뉴슈가 … 30g

양념
- 양파 … 2개
- 배 … 2개
- 사과 … 2개
- 굵은 고춧가루 … 650g
- 다진 마늘 … 350g
- 새우젓 … 350g
- 설탕 … 250g
- 사이다 … 200g
- 다진 생강 … 125g
- 미원 … 20g

1. 무는 껍질째 깨끗하게 씻고 큼직하게 깍둑 썬 뒤 천일염과 뉴슈가를 넣고 골고루 섞어 1시간 30분 정도 절인다.
2. 절인 무는 물에 헹구지 말고 그대로 소쿠리에 건져 1시간 정도 물기를 뺀다.
3. 대파는 3㎝ 길이로 썬다.
4. 양념 재료의 양파와 배, 사과는 껍질과 씨 등을 제거해 듬성듬성 썰어 믹서에 곱게 간 뒤 설탕을 제외한 나머지 양념 재료를 넣어 섞는다.
5. 절인 무의 물기가 빠지면 ④의 양념을 넣어 골고루 버무린다.
6. ⑤에 설탕을 넣어 버무리고 마지막에 대파를 넣어 섞는다.
7. 통에 담아 실온에서 하루 정도 숙성한 뒤 냉장고에 보관한다.

동치미

이런 식당, 이 김치!
- ☑ 고기 구이 식당
- ☑ 탕요리 식당

 입맛을 깔끔하고 시원하게 만들어 줄 동치미입니다. 무를 절일 때 뉴슈가를 넣어서 단맛을 들였어요. 청양고추로 고추지를 담가두면 동치미뿐 아니라 두루두루 활용할 수 있습니다. 송송 다져서 액젓이랑 고춧가루, 다진 마늘을 넣어 양념해 두면 해장국이나 우거지탕 등 국물 요리에 잘 어울리니 이런 식당에서는 고추지를 담가두길 추천합니다.

재료
- 무 … 10kg
- 쪽파 … 300g
- 홍갓 … 200g
- 고추지(p.196) … 220g
- 물 … 25ℓ

절임 재료
- 고운 소금 … 325g
- 뉴슈가 … 22g
- 소주 … 1½컵

양념
- 포도당 … 500g
- 마늘 … 350g
- 생강 … 200g

1. 무는 깨끗이 씻고 길이를 3~4등분한 뒤 1~1.5cm 두께로 길게 썰어(a) 통에 담는다.
2. ①의 무에 고운 소금과 뉴슈가, 소주를 넣어 골고루 버무려 3시간 정도 절인다.
3. 쪽파와 홍갓은 깨끗이 손질해서 4cm 길이로 썰고, 양념 재료의 마늘과 생강은 편으로 썬다.
4. ②의 무가 절여지면 쪽파와 홍갓, 고추지, 마늘, 생강, 포도당을 넣고 분량의 물(25ℓ)을 부어 섞는다.
5. 하루 정도 실온에서 숙성한 뒤 냉장고에 넣고 바로 먹는다.

a

냉면용 동치미

이런 식당, 이 김치!
☑ 냉면 식당
☑ 고기 구이 식당

 이 동치미는 면옥이나 교자집의 동치미로도 잘 어울리지만 냉면 국물에 섞어서 내는 동치미로 활용하는 게 가장 좋습니다. 고기 국물과 동치미 국물을 8:1 비율로 섞어서 냉면 국물을 만드세요. 무와 배추는 고명이나 반찬으로 내도 됩니다.

재료
무 … 20kg
배추 … 2포기
물 … 80ℓ

절임 재료
소주 … 8컵
천일염 … 2.3kg
뉴슈가 … 300g

양념
양파 … 7개
배 … 4개
오이 … 4개
사과 … 2개
대파 … 1kg
다진 마늘 … 1kg
다진 생강 … 500g
청양고추 … 20개

1 무는 깨끗이 씻어서 길이를 3~4등분 한 뒤 1~1.5cm 두께로 길게 썰고,(a) 배추는 지저분한 잎을 떼고 깨끗이 씻어서 반 가른 뒤 밑동에 칼집을 넣는다.(b)
2 손질한 무와 배추를 통에 담고 천일염과 뉴슈가를 골고루 뿌린 뒤 소주를 부어 8시간 동안 절인다.
3 양념 재료의 양파는 껍질을 벗겨 열십자(+)로 4등분하고, 배와 사과는 껍질을 벗기고 열십자(+)로 4등분해서 가운데 씨를 제거한다. 오이는 길이를 3등분한다. 청양고추는 반 가른다.
4 고운 망이나 면포에 손질한 ③의 재료와 나머지 분량의 양념 재료를 모두 넣는다.
5 ②의 무와 배추가 절여지면 헹구지 말고 보관할 통에 담고 그대로 분량의 물을 부은 뒤 ④를 넣는다.
6 실온에서 5일 정도 숙성한 뒤 냉장고에 넣고 바로 먹는다.

a

b

갓김치

이런 식당, 이 김치!
☑ 한식을 파는 모든 식당
☑ 육류 요리 식당

 갓김치는 푹 익혀서 먹는 걸 좋아하시는 분들이 많은데, 이 갓김치는 과일을 넣어 신선한 단맛이 나므로 담가서 바로 먹어도 맛있습니다. 대신 오래 익히면 과일 맛이 변하니 김치의 색이 누렇게 변하기 전에 소비하는 게 좋습니다. 고춧가루는 청양 고춧가루와 일반 고춧가루를 반반씩 섞어서 넣어도 됩니다.

재료 돌산갓 … 5단

절임물 물 … 7ℓ
천일염 … 320g
뉴슈가 … 30g

양념 양파 … 2kg
배 … 1.3kg
사과 … 700g
밥 … 1공기(200g)
사이다 … 1.5kg
청양 고춧가루 … 750g
멸치액젓 … 450g
마른 고추 … 300g
다진 마늘 … 300g
새우젓 … 300g
설탕 … 150g
다진 생강 … 100g

1 갓은 깨끗하게 손질해서 흙이 없도록 씻고 분량의 절임물에 1시간 정도 절이는데, 중간에 한두 번 뒤집어서 고르게 절인다.
2 갓이 다 절여지면 물에 두 번 헹구고 소쿠리에 담아 1시간 정도 물기를 충분히 뺀다.
3 양념 재료의 양파와 배, 사과는 껍질과 씨 등을 제거해 듬성듬성 썰어서 믹서에 밥과 함께 넣고 곱게 간 다음 나머지 분량의 재료를 섞어 김치 양념을 만든다.
4 갓의 물기가 빠지면 김치 양념을 넣어 골고루 버무린 뒤 차곡차곡 통에 담는다.
5 실온에서 2일 정도 숙성 후 냉장고에 넣고 3일 뒤부터 먹는다.

갓 백김치

이런 식당, 이 김치!
☑ 고기 구이 식당

 갓 자체의 톡 쏘는 맛이 고기 구이와 아주 잘 어울리는 김치입니다. 갓은 고추냉이와도 잘 어울리니 톡 쏘는 맛을 조금 더 내고 싶을 때는 고추냉이를 소주에 개서 국물에 섞으세요. 고추냉이는 소주에 개어야 쓴맛 없이 매운맛을 살릴 수 있습니다. 물 1ℓ 기준으로 고추냉이 100g을 소주 ½병(150~160㎖)에 개서 넣으면 됩니다.

재료 돌산갓 … 5단

소금물 물 … 10컵
천일염 … 2컵

양념 양파 … 6개
배 … 3개
생수 … 6.5ℓ
사이다 … 1컵
다진 마늘 … 650g
다진 생강 … 300g
까나리액젓 … 100g
찹쌀풀 … 100g
고운 소금 … 150g
뉴슈가 … 20g
미원 … 20g

1. 갓은 깨끗하게 손질해서 흙이 없도록 씻고 분량의 소금물에 1시간 정도 절이는데, 중간에 한두 번 뒤집어서 고르게 절인다.
2. 갓이 다 절여지면 물에 두 번 헹구고 소쿠리에 담아 1시간 정도 물기를 충분히 뺀다.
3. 양념 재료의 양파와 배는 껍질과 씨 등을 제거해 듬성듬성 썰어 믹서에 곱게 간 뒤 면포에 담아 양념을 만들 그릇에 즙을 꾹 짠다.
4. 다진 마늘과 다진 생강은 다른 면포에 담아 잘 묶는다.
5. ③에 ④를 제외한 나머지 분량의 양념 재료를 넣고 골고루 섞는다.
6. 갓의 물기가 빠지면 ⑤의 양념을 부어 섞은 뒤 통에 담고 ④를 함께 넣는다.
7. 실온에서 2일 정도 숙성 후 냉장고에 넣고 하루 지난 뒤부터 먹으면 되는데, 갓 백김치는 냉장고에서 숙성 기간이 길어질수록 맛이 깊어진다.

오이지 (새콤달콤한 맛)

이런 식당, 이 김치!
☑ 한식을 파는 모든 식당

 새콤달콤한 맛의 이 오이지는 한식 반찬으로 내기 아주 좋은 메뉴입니다. 물엿에 담가두면 오이에서 수분이 쫙 빠져 꼬들꼬들해지는데, 국물에 오래 담가두면 상할 위험이 있으니 물은 버리고 오이지만 건져서 따로 보관하세요. 얄팍하게 썰어 그냥 먹어도 맛있습니다.

재료
다다기오이 … 20개
천일염 … 적당량

절임장
흰 물엿 … 4컵
식초 … 1½컵
천일염 … 1컵
소주 … 1컵

1. 오이는 천일염으로 표면을 문지르고 물에 씻은 뒤 물기를 닦고 양 끝을 조금씩 잘라낸다.
2. 손질한 오이를 통에 차곡차곡 담고 위에 물엿을 붓는다.
3. 식초와 천일염, 소주를 섞어서 ②의 오이 위에 부은 뒤 반나절에 한 번씩 위아래를 뒤집어가며 하루 정도 숙성시킨다.
4. 실온에 일주일 정도 두었다가 오이만 건져서 냉장 보관한다.

오이피클

이런 식당, 이 김치!
- ☑ 고기 구이(돼지고기) 식당
- ☑ 한식을 파는 모든 식당
- ☑ 육류 요리 식당

 오이피클은 느끼한 맛을 잡아주기 때문에 돼지고기처럼 기름진 구이 요리를 판매하는 식당에서는 필수 반찬입니다. 오이피클은 도톰하게 썰어 그대로 내도 되고, 다져서 샐러드 드레싱을 만들 때 넣으면 새콤달콤한 맛을 내니 좋습니다.

재료
다다기오이 … 50개
천일염 … 적당량

피클 국물
물 … 7ℓ
사과 … 2개
양파 … 1개
월계수 잎 … 10g
대파 … 250g
마늘 … 100g
생강 … 100g
흰설탕 … 1kg
황설탕 … 200g
고운 소금 … 150g
빙초산 … 90㎖

1. 오이는 천일염으로 표면을 문지르고 흐르는 물에 헹군 뒤 꼭지 부분을 1㎝ 정도 잘라내고 (a) 물기를 제거한 다음 통에 담는다.
2. 분량의 물에 사과와 양파를 4등분해서 넣고, 월계수잎, 대파, 마늘, 생강을 넣어 한소끔 끓인 뒤 불을 약하게 줄여 30분 동안 더 끓인다.
3. ②에 설탕과 소금을 넣고 한소끔 끓으면 불을 끄고 한 김 식힌 뒤(약 5분 뒤) 빙초산을 넣어 섞는다.
4. ①의 오이에 ③의 피클 국물을 붓고 오이가 뜨지 않게 무거운 것을 올려 누른다.
5. 실온에서 하루 정도 숙성 후 냉장고에 넣고 3일 정도 더 숙성시킨 뒤 먹는다.

양배추 깻잎피클

이런 식당, 이 김치!
- ☑ 고기 구이(돼지고기) 식당
- ☑ 장어, 오리고기 등 기름진 요리 식당

 깻잎의 향과 양배추의 아삭함이 좋아 기름진 음식과 아주 잘 어울리는 피클이죠. 오이피클이 식상해서 다른 메뉴를 내고 싶을 때는 양배추 깻잎피클을 추천합니다. 양배추는 깻잎에 비해 뻣뻣하니 피클 국물이 뜨거울 때 부어야 양배추가 부드러워져요. 양배추가 익을까 걱정하지 않아도 됩니다. 섬유질이 단단해서 무르지 않습니다.

재료
양배추(1kg짜리) … 3통
깻잎 … 400g

피클 국물
물 … 3.3ℓ
황설탕 … 700g
환만식초 … 600g
천일염 … 100g
통후추 … 30g
월계수잎 … 5장

1. 양배추는 겉잎을 떼고 열십자(+)로 4등분하고 가운데 심을 잘라낸다. (a)
2. 깻잎은 씻어서 줄기를 잘라내고 물기를 턴다.
3. 양배추는 부서지지 않게 한 잎 한 잎 떼고 양배추 한 잎, 깻잎 한 장씩 번갈아가며 차곡차곡 쌓는데, 양배추 밖으로 깻잎이 나오지 않게 한다. (b)
4. ③을 원래의 양배추 모양대로 차곡차곡 겹친 뒤 통에 담는다.
5. 피클 국물 재료를 모두 냄비에 넣고 한소끔 끓인 뒤 불을 약하게 줄여 5분 정도 더 끓인다.
6. ⑤의 국물이 뜨거울 때 ④에 붓고 뜨지 않게 무거운 것을 올린다.
7. 실온에서 동절기 기준 2~3일, 하절기 기준 하루 정도 숙성한 뒤 냉장고에 넣고 바로 먹는다.

돼지고기 김치 짜글이

양념장은 미리 만들어 숙성하면 맛이 더 깊어져요. 냉장고에서 6개월 정도 보관 가능하니 한 번에 많이 만들어 두라고 대량 레시피를 제시했습니다. 밑의 양념장 레시피는 대략 50인분 남짓한 분량입니다.
이 돼지고기 김치 짜글이는 양파가 많이 들어가야 맛이 훨씬 좋아지니 양파는 아끼지 마세요.

2인분

재료
돼지고기 앞다리살 … 400g
찌개용 맛김치(p.218) … 200g
양파 … 200g
대파 … 100g

양념장
물 … 7.5ℓ
고추장 … 700g
사이다 … 200g
설탕 … 200g
미원 … 200g
쇠고기 다시다 … 200g
고춧가루 … 90g
고운 소금 … 80g
소주 … 70g
후춧가루 … 30g

찌개 국물
물 … 1ℓ
양념장 … 170g

1. 분량의 재료를 섞어 양념장을 미리 넉넉하게 만들어 둔다.
2. 찌개 국물 재료를 냄비에 넣고 3분 정도 끓여 국물을 준비한다.
3. 돼지고기 앞다리살은 먹기 좋게 썰고, 양파는 굵직하게 채 썬다. 대파는 6~7㎝ 길이로 썬다.
4. 전골 냄비에 돼지고기와 김치, 양파, 대파를 담고 ②의 찌개 국물 2컵을 부어 불에 올린다. 5분간 팔팔 끓이고 불을 약하게 줄여 끓이면서 먹는다.

돼지고기 김치찜

 김치찜을 할 때는 어느 정도 신맛이 있는 김치를 사용해야 맛이 좋습니다. 오랜 시간 푹 끓여야 돼지고기도 부드러워지고요. 양념은 넉넉하게 만들어 숙성시키면 좋으니 분량대로 비율을 늘려서 양념을 만든 뒤 냉장보관하세요. 돼지고기 김치찜 또한 미리 넉넉하게 만들어 두었다가 2인분 혹은 4인분씩 덜어서 내면 시간을 줄일 수 있습니다.

4인분

재료
- 멸치 국물 … 6.5ℓ
- 신김치 … 500g
- 돼지고기 앞다리살 … 200g
- 버터 … 20g

양념
- 물 … 4큰술
- 매운 고춧가루 … 3큰술
- 고춧가루 … 2큰술
- 쇠고기 다시다 … 2큰술
- 설탕 … 2큰술
- 들기름 … 2큰술
- 참기름 … 1큰술
- 다진 마늘 … 1큰술
- 다진 생강 … ½큰술
- 후춧가루 … 2꼬집

1. 김치는 속을 깨끗이 털고, 돼지고기는 두툼하게 썬다.
2. 분량의 양념 재료를 섞는다.
3. 냄비에 김치와 버터, 돼지고기를 넣고 멸치 국물을 부은 뒤 양념을 넣어 센불에 올려 끓인다.
4. ③이 한소끔 끓으면 중약불로 줄이고 뚜껑을 덮어 50분간 푹 끓인다.

고등어 김치찜

 고춧가루는 방부 역할을 하기 때문에 고춧가루가 들어가는 양념은 6개월 이상 보관이 가능하니 고등어 양념은 분량대로 비율을 늘려서 넉넉하게 만들어 두면 편해요. 단, 물이 들어가지 않게 주의하세요.
고등어는 식촛물에 담가두면 비린맛도 없어지고 살도 단단해지니 손질할 때 반드시 식촛물에 담가두세요.

4인분

재료
- 고등어 … 2마리
- 묵은지 … ¼포기
- 양파 … 300g
- 대파 … 100g
- 청양고추 … 1개
- 홍고추 … 1개
- 멸치 국물 … 9컵
- 김칫국물 … ½컵
- 들기름 … 2큰술

식촛물
- 물 … 4컵
- 식초 … 2큰술

고등어 양념
- 고운 고춧가루 … 3큰술
- 맛술 … 3큰술
- 다진 마늘 … 3큰술
- 멸치액젓 … 2큰술
- 다진 생강 … 1큰술

묵은지 양념
- 들기름 … 3큰술
- 고운 고춧가루 … 2큰술
- 다진 마늘 … 2큰술

1. 고등어는 반 갈라 뼈를 제거하고 흐르는 물에 씻은 뒤 먹기 좋게 자른다.
2. 손질한 고등어는 분량의 식촛물에 5분 정도 담갔다가 건져 물기를 뺀다.
3. 분량의 고등어 양념 재료를 모두 섞은 뒤 고등어 살에 골고루 발라 20~30분 정도 둔다.
4. 양파는 굵게 채 썰고, 대파와 고추는 모두 어슷 썬다.
5. 묵은지를 냄비에 넣고 묵은지 양념 재료를 얹어 조물조물 버무린 뒤 김칫국물을 위에 붓는다.
6. ⑤에 멸치 국물 6컵을 붓고 센 불로 10분 정도 끓인 뒤 한쪽에 양파를 넣고 양파 위에 고등어를 올린다.
7. 고등어 위에 대파와 고추를 얹은 뒤 남은 멸치 국물 3컵을 부어 센 불에서 10분 끓이고 마지막에 들기름 2큰술을 둘러 마무리한다.

비지 등갈비 김치찜

 비지 등갈비 김치찜은 불조절을 잘 해야하는 요리입니다. 계속 센 불로 조리하면 김치 조직이 단단해져 김치는 질겨지고 비지는 탈 수 있어요. 처음에는 센 불로 조리하고 비지를 넣은 뒤에는 중불로 줄인 다음 마지막에 약한 불로 뜸을 들이세요.

생 등갈비는 핏물 빼는 과정 없이 조리해도 되지만 냉동 등갈비는 물에 1시간 정도 담가 핏물을 빼고 조리해야 맛이 깔끔합니다.

4인분

재료
- 생 등갈비 … 1kg
- 신김치 … 800g
- 비지 … 700g
- 대파 흰 부분 … 1대 분량
- 청양고추 … 1개
- 홍고추 … 1개
- 거피 들깻가루 … 3큰술

국물 양념
- 대파 … 1대
- 마늘 … 10쪽
- 생강 … 2쪽
- 물 … 7컵
- 소주 … ½컵
- 새우젓 … 2큰술
- 설탕 … 2큰술
- 고운 소금 … 1큰술

1. 등갈비는 잘라서 1쪽씩 나누고 뼈에 붙어있는 근막에 ⅔ 정도까지 칼집을 낸다.
2. 손질한 등갈비는 끓는 물에 5분간 데친 후 물에 헹구고 물기를 뺀다.
3. 신김치는 속을 말끔히 털고, 대파 흰 부분과 고추는 모두 송송 썬다.
4. 국물 양념 재료 중 대파는 2~3등 분하고, 마늘은 대강 으깬다. 생강은 편으로 썬다. 대파와 마늘, 생강을 면포에 담아 잘 묶는다.
5. 커다란 냄비에 분량의 물을 붓고 데친 등갈비와 ④의 향채, 소주, 새우젓, 설탕, 소금을 넣어 끓인다. 국물이 끓어오르면 중약불로 줄여 40분 정도 끓인 뒤 불을 끄고 향채는 건져낸다.
6. 전골 냄비 한쪽에 신김치를 담고 ⑤의 삶은 등갈비와 그 육수를 부은 뒤 뚜껑을 덮어 센불에서 10분간 끓인다.
7. ⑥에 들깻가루를 넣고 중불로 줄인 뒤 비지를 살살 넣어 5분 정도 더 끓인다.
8. 마지막에 대파와 고추를 올리고 한소끔 끓인다.

김치 동태찌개

동태찌개는 국물이 시원해야 합니다. 신김치를 사용하되 너무 많이 익은 김치는 물에 한 번 헹궈서 신맛을 줄여야 국물에 신맛이 적게 우러나 시원합니다. 덜 익은 김치는 풋내가 나니 사용하지 않는 게 좋지요.
봄에는 미나리 대신 달래를 넣으면 향이 훨씬 좋아요.
참치액젓은 국물에 감칠맛을 더하고 소주는 동태 비린내를 마지막에 한 번 더 없애는 역할을 합니다.
부재료를 넣고 끓이는 시간은 5분을 넘기지 않도록 해야 보기 좋고 비린 맛도 덜합니다.

4인분

재료
멸치 국물 … 7컵
동태 … 2마리
콩나물 … 300g
신김치 … 200g
미나리 … 1줌
두부 … ½모
양파 … ½개
대파 … 1대
청양고추 … 2개

식촛물
물 … 1ℓ
식초 … 3큰술

양념
고춧가루 … 5큰술
참치액젓 … 4큰술
다진 마늘 … 4큰술
소주 … 3큰술
설탕 … 2큰술
고추장 … 2큰술
된장 … 2큰술
후춧가루 … 1작은술
고운 소금 … 약간

1. 동태는 해동 후 아가미, 검은 막, 지느러미, 비늘, 내장을 깨끗이 제거한 뒤 흐르는 물에 씻고 분량의 식촛물에 15분 정도 담갔다가 흐르는 물에 가볍게 헹군다.
2. 신김치는 속을 털어내고 3㎝ 폭으로 썰고, 콩나물은 깨끗이 손질한다. 미나리는 잎을 떼고 3~4㎝ 길이로 썬다.
3. 두부는 먹기 좋은 크기로 네모나게 썰고, 양파는 채 썬다. 대파와 고추는 어슷 썬다.
4. 냄비에 멸치 국물을 붓고 김치와 콩나물, 동태를 넣어 5분간 끓인다.
5. ④의 냄비에서 국물을 1국자 떠서 볼에 담고 양념 재료 중 고춧가루와 설탕, 고추장, 된장, 참치액젓은 3큰술만 넣어 갠 뒤 ④의 국물에 넣어 푼다.
6. 5분 정도 더 끓인 뒤 두부와 양파, 대파, 고추, 다진 마늘을 넣는다.
7. 참치액젓 1큰술과 소금으로 간을 맞춘 뒤 마지막에 소주를 넣고 한소끔 끓이고 불에서 내리기 전 미나리를 얹은 뒤 불을 끈다.

김치 낙지죽

 죽을 끓일 때 물을 한꺼번에 넣으면 쌀이 퍼지는 시간이 오래 걸리고 맛이 덜합니다. 손이 많이 가더라도 물은 두세 번에 나눠 부어가며 끓여야 죽이 부드럽고 맛있습니다.

2~3인분

재료
- 낙지 … 2마리
- 김치 … 200g
- 불린 쌀 … 1½컵
- 부추 … 3~4줄기
- 김가루 … 약간
- 통깨 … 약간

낙지 손질
- 굵은 소금 … 40g
- 간 무 … 3큰술

국물
- 물 … 6컵
- 국물용 멸치 … 15마리
- 마른 새우 … 30g
- 무 … 200g
- 다시마(사방 10㎝) … 1장

양념
- 굵은 고춧가루 … 1½큰술
- 다진 마늘 … 1큰술
- 참기름 … 1큰술
- 멸치액젓 … 1작은술
- 국간장 … 1작은술

1. 낙지는 내장을 제거하고 굵은 소금과 간 무를 넣어 바락바락 주물러 불순물을 빼고 찬물에 깨끗하게 헹군다.
2. 손질한 낙지는 끓는 물에 넣어 30~40초 정도 데치고 건져서 3㎝ 길이로 썬다.
3. 김치는 속을 털어 송송 썰고, 부추도 송송 썬다.
4. 물을 제외한 분량의 국물 재료를 면포에 담아 잘 묶는다.
5. 분량의 물을 냄비에 붓고 끓으면 ④를 넣어 한소끔 끓이고 중약불로 줄여 15분간 끓인 뒤 면포를 건져낸다.
6. ⑤에 김치와 불린 쌀을 넣고 끓으면 중불로 줄여 저으면서 15분 정도 끓인다.
7. ⑥에 분량의 양념 재료를 모두 넣고 저으면서 한소끔 끓인 뒤 낙지를 넣고 골고루 섞는다.
8. 죽이 끓어오르면 불을 끄고 뚜껑을 덮어서 3분 정도 뜸을 들인다.
9. 죽을 그릇에 담고 김가루와 부추, 통깨를 고명으로 올려 낸다.

SALT

어떤 소금을 드시나요?

방사능·환경호르몬이 없는 몸에 득이 되는 소금

75년 전통의 국내 최초 천일염전 개척자

손봉훈천일염

바다를 담은 느린소금 since 1946
손봉훈천일염

비금도 염전 : 전남 신안군 비금면 덕산리 1-23 | 서울 사무소 : 경기도 김포시 금파로 171-37, 나동(사우동)
02-2282-0107 | www.sbhmudsalt.com

가나다순으로 찾아보기

[ㄱ]
가을 부추김치 … 126
간장 … 148
감미료 … 026
감자풀 … 029
갓 물김치 … 134
갓 백김치(식당용) … 232
갓김치 … 132
갓김치(식당용) … 230
고들빼기김치 … 136
고등어 김치찜 … 244
고운 소금 … 026
고추소박이 … 120
고추소박이 물김치 … 122
고추씨 … 021
고추장아찌 … 180
고추장아찌 무침 … 180
고추지 … 196
고추지 무침 … 196
고춧가루 … 020
곰취장아찌 … 168
국물 깍두기 … 062
굴 깍두기 … 064
김치 낙지죽 … 250
김치 동태찌개 … 248
김치 풀 … 028
까나리액젓 … 023
깍두기 … 057
깍두기(식당용) … 224
깻잎 소금장아찌 … 198
깻잎 소금장아찌 양념 … 198
깻잎장아찌 … 182

[ㄴ]
나박김치 … 068
냉면용 동치미(식당용) … 228
뉴슈가 … 027

[ㄷ]
대파김치 … 130

돌나물 물김치 … 088
동치미 … 074
동치미(식당용) … 226
돼지감자장아찌 … 162
돼지고기 김치 짜글이 … 240
돼지고기 김치찜 … 242
두릅장아찌 … 160
두릅장아찌 무침 … 160

[ㅁ]
마늘 … 025
마늘장아찌 … 174
마늘종장아찌 … 172
마른 고추 … 021
맑은 얼갈이 오이 물김치 … 100
맛김치 … 046
맛김치(식당용, 김치찌개용) … 218
매실청 … 027, 149
멸치 진젓 … 022
멸치액젓 … 022
명이나물장아찌 … 170
모둠 버섯장아찌 … 188
무생채 … 080, 081
무장아찌 … 186
무장아찌 무침 … 186
무채 김치 … 078
미나리장아찌 … 158
밀가루풀 … 029

[ㅂ]
밥풀 … 029
배추 겉절이 … 052
배추 무 동치미 … 050
배추 물김치(식당용) … 220
배추 생 겉절이(식당용) … 212
배추 절임 겉절이(식당용) … 214
배추 포기김치(식당용) … 216
백김치 … 048
봄 부추김치 … 124
비지 등갈비 김치찜 … 246

빙초산 … 149

[ㅅ]
삼색 물김치(식당용) … 204
상추 물김치(식당용) … 222
새우젓 … 023
생강 … 025
설탕 … 026, 149
소 없는 백김치 … 048
소금 … 026, 148
식초 … 149

[ㅇ]
알코올 소독 … 151
양배추 깻잎 피클(식당용) … 238
양배추 물김치 … 106
양배추김치 … 104
양파 소금장아찌 … 192
양파김치 … 102
얼갈이 겉절이 … 096
얼갈이김치 … 098
얼갈이 열무김치 … 098
얼갈이 오이 물김치 … 100
연근장아찌 … 184
열무김치 … 092
열무 물김치 … 094
열무 얼갈이 겉절이 … 096
열무 얼갈이김치(식당용) … 202
열탕 소독 … 150
오이 물김치(식당용) … 210
오이 부추 겉절이 … 116
오이 송송이 … 114
오이백소박이(식당용) … 208
오이소박이 … 108
오이소박이 물김치 … 118
오이소박이(식당용) … 206
오이장아찌 … 178
오이지 … 194
오이시 냉국 … 194
오이지 무침 … 194

남해의 맛
순아멸치액젓

염도는 낮추고 감칠맛은 풍부해졌다

- ☑ 생산자가 직접 잡은 봄 멸치
- ☑ 3년간 간수를 뺀 국내산 천일염
- ☑ No 첨가물
- ☑ 2년 이상 자연 숙성
- ☑ 4번의 필터링으로 불순물 없이 맑은 액젓

삼양수산은 30년 이상 멸치어업에 종사하고 있습니다. 순아멸치액젓은 봄 멸치 85%, 국내산 천일염 15%로만 만들기 때문에 감칠맛이 아주 뛰어납니다.
삼양수산은 정치망에서 직접 어획한 짜지 않은 다양한 크기의 마른 멸치, 멸치액젓, 고등어액젓, 갈치액젓, 전어액젓도 생산 및 판매하고 있습니다.

재료별 찾아보기

* 배추·알배추·무를 제외하면 봄부터 겨울까지 나오는 재료 순입니다.

[배추]
통배추 절이기 … 036
포기김치 … 040
백김치 … 048
소 없는 백김치 … 048
배추 무 동치미 … 050
배추 생 겉절이(식당용) … 212
배추 절임 겉절이(식당용) … 214
배추 포기김치(식당용) … 216
맛김치(식당용, 김치찌개용) … 218
배추 물김치(식당용) … 220
냉면용 동치미(식당용) … 228
돼지고기 김치 짜글이 … 240
돼지고기 김치찜 … 242
고등어 김치찜 … 244
비지 등갈비 김치찜 … 246
김치 동태찌개 … 248
김치 낙지죽 … 250

[알배추]
맛김치 … 046
배추 겉절이 … 052
나박김치 … 068
삼색 물김치(식당용) … 204

[무]
깍두기 … 057
국물 깍두기 … 062
굴 깍두기 … 064
나박김치 … 068
동치미 … 074
배추 무 동치미 … 050
무채 김치 078
무생채(김치 맛) 080
무생채(새콤달콤) 081
가을 부추김치 … 126
무장아찌 … 186

무장아찌 무침 … 186
삼색 물김치(식당용) … 204
깍두기(식당용) … 224
동치미(식당용) … 226
냉면용 동치미(식당용) … 228

[유채]
유채 겉절이 … 086

[돌나물]
돌나물 물김치 … 088

[두릅]
두릅장아찌 … 160
두릅장아찌 무침 … 160

[풋마늘]
풋마늘 숙채 김치 … 090
풋마늘장아찌 … 156

[열무]
열무김치 … 092
열무 물김치 … 094
열무 얼갈이 겉절이 … 096
얼갈이 열무김치 … 098
열무 얼갈이김치(식당용) … 202
삼색 물김치(식당용) … 204

[얼갈이]
얼갈이 겉절이 … 096
열무 얼갈이 겉절이 … 096
얼갈이김치 … 098
얼갈이 열무김치 … 098
얼갈이 오이 물김치 … 100
맑은 얼갈이 오이 물김치 … 100
열무 얼갈이김치(식당용) … 202

[돼지감자]
돼지감자장아찌 … 162

오이지(식당용, 새콤달콤한 맛) … 234
오이피클(식당용) … 236
유채 겉절이 … 086

[ㅈ]
저염 액젓 … 024
젓갈 … 022
쪽파김치 … 128

[ㅊ]
참외장아찌 … 176
참치액젓 … 023
찹쌀풀 … 028
천일염 … 026
청양고추 … 021
청양고춧가루 … 021
총각김치 … 066
총각무 동치미 … 076

[ㅋ]
콜라비 물김치 … 140
콜라비 생채 … 138
콜라비깍두기 … 138

[ㅌ]
탈기 … 151
통배추 절이기 … 036

[ㅍ]
포기김치 … 040
풋마늘 숙채 김치 … 090
풋마늘장아찌 … 156
풋토마토 양파장아찌 … 164

[ㅎ]
한꿋 김치 양념 … 031
한꿋 새콤달콤 무침 양념 … 031
한꿋 장아찌 절임물 … 152
햇 양파장아찌 … 166
홍고추 … 021

부엌의 필수품
깊은 맛 한 스푼

시원한 국물 · 얼큰한 찌개 · 깊은 맛 전골 · 개운한 무침 · 짭조름한 조림 · 입맛 돋는 볶음

우리집 맛깔스러운 김치를 위한 한끗 다른 선택!

진참치액

진참치액은 참치농축액, 아가리쿠스버섯 추출액, 표고버섯 추출액, 멸치, 훈연가다랑어, 양파, 무, 다시마 추출액의 황금비율로 완성됩니다.
서림식품 진참치액은 FDA로부터 승인 받은 제품으로 미국, 호주, 싱가폴 등으로 수출되고 있습니다.

[부추]
오이 부추 겉절이 … 116
봄 부추김치 … 124
가을 부추김치 … 126

[미나리]
미나리장아찌 … 158

[양파]
양파김치 … 102
풋토마토 양파장아찌 … 164
햇 양파장아찌 … 166
양파 소금장아찌 … 192

[총각무]
총각김치 … 066
총각무 동치미 … 076

[풋토마토]
풋토마토 양파장아찌 … 164

[곰취]
곰취장아찌 … 168

[명이나물]
명이나물장아찌 … 170

[마늘종]
마늘종장아찌 … 172

[마늘]
마늘장아찌 … 174

[참외]
참외장아찌 … 176

[양배추]
양배추김치 … 104
양배추 물김치 … 106
양배추 깻잎 피클(식당용) … 238

[상추]
상추 물김치(식당용) … 222

[오이]
나박김치 … 068
얼갈이 오이 물김치 … 100
맑은 얼갈이 오이 물김치 … 100
오이소박이 … 108
오이 송송이 … 114
오이 부추 겉절이 … 116
오이소박이 물김치 … 118
오이장아찌 178
오이지 194
오이지 냉국 … 194
오이지 무침 … 194
오이소박이(식당용) … 206
오이백소박이(식당용) … 208
오이 물김치(식당용) … 210
오이지(식당용, 새콤달콤한 맛) … 234
오이피클(식당용) … 236

[고추]
고추소박이 … 120
고추소박이 물김치 … 122
고추장아찌 … 180
고추장아찌 무침 … 180
고추지 … 196
고추지 무침 … 196

[깻잎]
깻잎장아찌 … 182
깻잎 소금장아찌 … 198
깻잎 소금장아찌 양념 … 198
양배추 깻잎 피클(식당용) … 238

[쪽파]
쪽파김치 … 128

[대파]
대파김치 … 130

[갓]
갓김치 … 132
갓 물김치 … 134
갓김치(식당용) … 230
갓 백김치(식당용) … 232

[연근]
연근장아찌 … 184

[버섯]
모듬 버섯장아찌 … 188

[고들빼기]
고들빼기김치 … 136

[콜라비]
콜라비깍두기 … 138
콜라비 생채 … 138
콜라비 물김치 … 140

더쉬운찬 STORE

부엌에 꼭 필요한 **된장, 고추장, 참치액, 다시팩**
어디서나 간편하고 건강하게 즐길 수 있는 **맛있는 반찬**
우리집에서 맛보는 **지역의 명물 요리**
요리가 즐거워지는 예쁘고 편리한 **조리 도구**

"더쉬운찬이 준비한 오늘의 맛으로
식탁을 풍성하고 맛있게 차려보세요."

김장은 어렵지만 김치는 쉬워요
임성근의 한끗 쉬운 김치, 장아찌

펴낸 날 초판 1쇄 2021년 11월 10일

지은이 임성근
펴낸이 김민경

기획·진행 이채현
사진 박상국(lonlon)
푸드 스타일링 김상영(noda+)
디자인 임재경(Anotherdesign)
캐릭터 디자인 김민정
요리 어시스트 임신영
사진 어시스트 유나현
푸드 스타일링 어시스트 장연지
종이 영지페이퍼
인쇄 도담프린팅
물류 해피데이

펴낸 곳 팬앤펜(PAN n PEN) 출판사
출판등록 제307-2015-17호
주소 서울 성북구 삼양로 43 IS빌딩 201호
전화 02-6384-3141
팩스 0507-090-5303
이메일 panpenpub@gmail.com
온라인 에디터 조순진
블로그 blog.naver.com/pan-pen
인스타그램 @pan_n_pen

편집저작권 ⓒPAN n PEN, 2021

이 책은 저작권법에 따라 보호를 받는 저작물이므로 무단 전재와 복제를 금지합니다.
이 책 내용의 전부 또는 일부를 이용하려면 반드시 저작권자와 팬앤펜의 서면 동의를 받아야 합니다.
제본 및 인쇄가 잘못되었거나 파손된 책은 구입하신 곳에서 교환해드립니다.

ISBN 979-11-91739-01-5
값 19,800원